活动策划

流量获取＋经典模型应用

销售转化＋品牌塑造

Xrg　编著

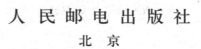

人民邮电出版社

北京

图书在版编目（CIP）数据

活动策划：流量获取+经典模型应用+销售转化+品牌塑造 / 张梦娴编著. -- 北京：人民邮电出版社，2021.4
ISBN 978-7-115-55823-7

Ⅰ．①活… Ⅱ．①张… Ⅲ．①网络营销－营销策划
Ⅳ．①F713.365.2

中国版本图书馆CIP数据核字(2020)第268095号

内 容 提 要

本书从互联网困境讲起，讲清活动策划的优势，随后将经典模型融入活动策划方案中，通过层层拆解并梳理策划思路，来帮读者搭建活动策划框架，最后进阶至实战案例，让读者不仅可以明白活动策划的基础知识及其使用方法，还能在工作中建立自己的思考模型。

本书分为 8 章，主要涵盖三大部分内容，分别是"互联网的困境及活动策划的突围""活动策划的经典模型及结构化思维""活动策划实战"。"互联网的困境及活动策划的突围"主要分析互联网的现状、流量困境及未来的营销突围方式；"活动策划的经典模型及结构化思维"主要介绍模型理论、拆解策划思路的方法和如何搭建策划框架；"活动策划实战"介绍了两种类型的活动策划和打造"爆款"的方法。

本书内容通俗易懂、实用性强，书中提供的模型和方法论，能帮助新人打下良好的策划基础，适合活动策划的初学者或者爱好者阅读。

◆ 编　　著　张梦娴
　　责任编辑　刘　姿
　　责任编辑　彭志环
◆ 人民邮电出版社出版发行　　北京市丰台区成寿寺路 11 号
　　邮编　100164　电子邮件　315@ptpress.com.cn
　　网址　https://www.ptpress.com.cn
　　北京天宇星印刷厂印刷
◆ 开本：700×1000　1/16
　　印张：12.5　　　　　　2021 年 4 月第 1 版
　　字数：198 千字　　　　2025 年 8 月北京第 19 次印刷

定价：55.00 元
读者服务热线：(010)81055296　印装质量热线：(010)81055316
反盗版热线：(010)81055315

活动策划有什么前途

在从事营销工作的这几年中，笔者越来越感受到流量的变幻莫测。从最开始以文字为主要内容的微博、微信，到后来以视频为主要内容的抖音和直播，短短几年，流量渠道的变化非常快。随着新技术的发展，流量势必会变化得越来越快，也会有越来越多的新技术和新媒体出现。而营销人员该如何抓住机会，使其为自己所用呢？在这些变化中，笔者认为，只有活动策划这一岗位处于相对不变的状态，可以应对流量分散的现状。活动策划更有整合资源、聚集流量的优势。所以无论是单一流量聚集的过去，还是垂直流量分散的现在，活动策划始终贯穿其中，而学会策划的主要思考方式和模型后，即使是在未来，依然可以在这个流量世界游刃有余。

笔者的体会

做市场营销的人，往往会经历几个阶段。最开始会很希望能成为新媒体账号的负责人，运营如微信、微博、抖音等的账号。因为在流量红利的时期，快速积累粉丝很容易。但是慢慢就会发现账号粉丝增长乏力，并且经验不可转移，因此很难维持长久的职业生涯。所以年轻人在选择职业的时候，要选择一个可以长期发展某种技能或者思维方式的职业，如活动策划。无论媒体渠道如何改变，流量如何转移，不变的是利用它们形成转化的思维方式。一切商业营销活动，最终都指向相同的目的，即解决公司的销量或者流量问题。所以，策划思维是可迁移使用且可持续发展的思维，当一个人具有策划思维之后，看待这个世界的方式都会变得不一样。

本书的特色

本书通过对经典模型应用的讲解，可帮助新人梳理活动策划思路、搭建活动策划的框架，使其在执行活动的过程中能思路清晰地达到活动策划的目的，对活动整体具备全面把控的能力。本书包括大量的模型和案例，介绍了在活动策划和执行的过程中需要突破的难点，是一本适合营销新人的实务型工具书。

本书的目标读者

- 想转行做活动策划的人员、新入职的营销人员。
- 对活动策划感兴趣的人员。

目 | 录

第 2 篇　活动策划的经典模型及结构化思维

第 3 章　活动策划常用的 3 个经典模型 / 45

第 4 章　活动策划中重要的金字塔原理 / 77

第 1 篇

互联网的困境及活动策划的突围

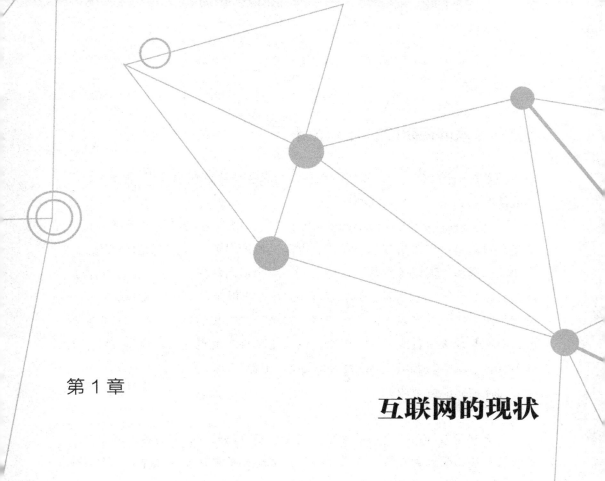

第 1 章

互联网的现状

　　曾经热火朝天的互联网逐渐趋于平静，更加让人确信互联网下半场的竞争已经开始。何谓下半场？简单来说，就是互联网线上人数已经饱和了，互联网化从一线城市轰轰烈烈地蔓延到三、四线城市之后，基本实现了全民网络化，流量再也不会像以前那样快速地直线式增长，在 2021 年，流量已经处于停滞不前的状况。我们现在面对的，是一个更为困难的局面。

1.1 互联网现阶段的流量困境

回首过去的 20 年，会发现这是流量带来营销奇迹的 20 年。而现在，网民数量增长到头了，市场红利期结束了。

从 PC（Personal Computer，个人计算机）时代开始，我国互联网行业快速发展，第一大流量红利出现。到移动互联网时期，大家都还抱有用小创意撬动刷屏级大流量的期待，从追求在 140 个字内写出一个段子，到制作热点海报，再到致力于写出一篇阅读量在 10 万次以上的"爆款文"。仿佛只要有"网感"，有一点平面创意，或者知道一些文案的写作技巧，就能将流量源源不断地吸引过来。这一时期不仅诞生了许多流量大号，更是养活了数以万计的 MCN（Multi-Channel Network，多频道网络的产品形态）公司，他们纯粹地靠流量赚钱。

但是到了互联网下半场的竞争，流量已经日渐枯竭，就连主要承载流量的智能手机的销量都在持续下滑。如果把流量比作船，那智能手机等移动设备就是水，没有"水涨"，何来"船高"？

人们也越来越少下载新的 App（Application，手机应用程序），微博上虽然几乎所有蓝 V（机构认证账号）都在追热点，但是又有谁的海报会产生刷屏级的效果呢？而曾经风光一时的微信公众号，现在其市场也已经趋于饱和；曾经时不时就出现的刷屏级文章，也越来越难以看到；甚至很多人已经放弃运营一篇文章就能轻而易举获得 10 万多次阅读量的账号。更多企业的标配"双微"（微信、微博）已完全沦为了摆设，成了自说自话的工具。

本章将为读者详细介绍我们今天面临的互联网流量困境。

1.1.1 行业巨头形成，撬动流量杠杆越来越难

互联网流量已经走过了野蛮生长的阶段，现在的头部流量主要掌握在几

活动策划：
流量获取 + 经典模型应用 + 销售转化 + 品牌塑造

个巨头手里。在我国，社交媒体以腾讯旗下的微信、QQ 和字节跳动旗下的抖音短视频（后文简称抖音）、今日头条为主，电商平台主要是阿里巴巴和京东，以及以二、三线城市为主要市场的拼多多，还有占据了大部分 O2O（Online to Offline，线上连接线下）市场的美团（已与大众点评合并）。因此留给其他 App 的流量非常少。而这些行业巨头，还在进一步扩大市场占有率并蚕食剩余流量，对于一般的企业来说，要撬动流量杠杆将越来越难。

同时，在过去的 20 年中，受众已经看过许许多多的创意，从文案到图片，到 H5（超文本链接标记语言，HTML5，简称 H5），再到短视频。因为边际效应递减规律，对于创意，受众的感官已经越来越麻木，要求也越来越高，普通的低成本创意已经无法引起他们的好奇心。这也导致了下一个我们要面临的困境。

1.1.2　流量费用越来越高

很难想象，如今线上的流量成本居然远远高于线下。以公众号为例，微信公众号的粉丝成本从原来的 0.1~0.5 元一个，上升到现在 16~20 元一个。如果想要获得一个普通的拥有 20 万粉丝的微信公众号，那成本价是 320 万~400 万元。同时，微信公众号的打开率也越来越低，一个拥有 20 万粉丝的公众号，其打开率可能只有 0.5%，也就是 0.1 万次的阅读量。经历过之前的流量红利时代的人或许还记得，当初微信公众号还比较火的时候，打开率是现在的 10 倍甚至是 20 倍。

对于企业来说，投放微信公众号广告的成本也在增长，原来 CPC（Cost Per Click，每产生一次点击所花费的成本）的平均费用是 0.1 元，现在也涨到了 1 元以上。

 举例

2019 年 7 月，一篇题为《李某琦一条广告费 = 我 10 年工资（150 个头部 KOL 报价表）》的文章，爆出微信公众号前 5 名的头条广告价格为 65 万元到 130 万元不等，其中某实验室以 130 万元的头条广告价格位列第一。而在抖音 KOL（Key Opinion Leader，关键意见领袖）里，李某琦的单条广告价格为 95 万元，位列第一；某酱（人名）的单条广告价格为 78 万元，位列第四。这还是 2019 年 7 月的价格，现在头部 KOL 的报价早已远远大于这个数字，粉丝数量多且影响力较大的账号通常被称为流量大号，由此可见流量大号的广告费用多么高昂。

这些头部大号虽然贵，但是可保证阅读量的真实性；而有一定粉丝及一定影响力的腰部以下的公众号，水分或许很大，很有可能广告主投了 10 个账号，有 9 个都是有问题的，市场营销费白白浪费，掀不起半点水花。也就是说，曾经可能只用把市场营销预算费用的一小部分花在流量上，就能达到很好的效果，但现在，就算将市场营销预算费用全额投入，效果也许都远不如从前。而接下来的趋势是，流量费用只会越来越高，线上营销成本也会同比上升。

1.1.3　品牌不再只负责宣发，还要负责流量转化

随着互联网的发展，有一个词火了一段时间，叫"增长黑客"，指的是用数据驱动营销、用市场指导产品、用技术手段达成营销目标的团队角色。据说企业的 CMO（Chief Marketing Officer，首席市场执行官）头衔都要换成 CGO（Chief Growth Officer，首席增长执行官），因为增长比品牌更重要。当然，随着流量红利的消失，现在再也不是换一个按钮的颜色、增加一个小功能就能获得几百万流量的时代了。还有一个很流行的词也值得注意，那就是"品效合一"，即品牌和效果要统一。

这两个流行词都代表着什么呢？它们代表着过去品牌只负责宣发，而不负责流量转化的时代已经渐行渐远了。

由于移动互联网的产生，用户的行为路径越来越短，在追求曝光量的同时，企业越来越在意如何将流量转化为购买行为，形成消费者行为的闭环。如果现在企业的品牌部还只会去购买一些流量，把 TVC（Television

Commercial，电视广告影片）、海报或文章投放到购买的流量账号中，认为得到几千万的曝光量就算完成了营销活动，那么这是非常危险的想法。然而，在流量困境之中和市场广告费用高昂的情况下，如何让这些稀有流量带动企业产品销量的增长，换言之，如何让营销活动在提升品牌形象的同时提升销量，是一个横亘在企业品牌部面前的巨大难题。

1.1.4　营销的技术要求越来越高

曾经传统广告有时是兼具商业气息的艺术作品，特别是就广告调性而言，其更多地强调创意内容部分，而不是商业部分。这种广告主要求用带有艺术气息的商业广告潜移默化地让消费者形成购买行为。而现在的市场环境则对营销人提出了更高的要求，营销人除了要知道如何写具有洞察力的文案，对广告有一定的审美外，还要多多了解技术。这里的技术主要指以下两类。

1. 展示类的技术

了解广告的多种展现形式，比如真人交互、多重感官的体验、动静结合、人工智能等，而不再局限于单一的图片或文字形式。

2. 渠道类的技术

大数据时代下，现在的渠道都是千人千面，如何在渠道的开发中筛选出需要曝光的目标人群？目标人群的标签是什么？在投放的内容中，是放二维码跳转到销售页面还是直接跳转到销售页面？

现在技术的更新换代很快，边际效应递减规律也越来越明显。很多时候，营销人可能刚刚了解了一项新的技术，而另一项更新的技术也已经出现了。营销人的学习能力必须很强，并且要实时了解最新的技术，而如何运用技术将流量挖掘出来，是这个时代的每一个营销人都必须面对的课题。有一句话说道："经历萧条前，大家都不知道什么叫繁荣。"过去的 20 年是流量繁荣的 20 年，但是现在，我国网民数量已经有 9 亿多人，大幅增长已不太可能，流量在接下来的时间里只会持续下滑，那么我们还有新的突破机会吗？

1.2　消费者的注意力越来越分散

虽然行业巨头收割了大部分流量，但是消费者的注意力却越来越分散，媒介也越来越多。四五年前微信公众号是流量大头，但是现在，短视频、游戏、成千上万的KOL，将消费者的注意力瓜分成一个个碎片。在广告行业内，有一句话叫"企业有一半的广告费都会被浪费，只是不知道是哪一半"。而现在，被浪费掉的广告费可能远远超过一半。

1.2.1　媒介形式趋向多样化

微博平台上获得个人认证且粉丝数量较多、影响力较大的账号，通常被网友们叫作大V。有一次，我和一个微博大V聊天，她说当时他们想"炒火"一个词，只要群里所有大V轮流把它发布一遍，那这个词基本上就会成为一个"热词"。但是现在渠道太多了，这些大V在微博上轮流发布几遍，这个词可能都火不了。其实现在这种感觉越来越明显，无论是抖音还是微博，找几个有几百万粉丝的KOL投放广告，可能一点热度都没有，哪怕微博话题的阅读次数达到好几亿，也是一样的效果。

一个刚红起来的流量明星的一条微博可能会有几百万的转发量，而现实中可能很多人都不知道他是谁。极光发布的《2019年Q3移动互联网行业数据研究报告》显示，2019年第三季度移动网民手机均安装App的总量多达56个，也就是说，一个人每天在线上的注意力，有56个App抢夺。一个人的时间就那么多，碎片化的注意力就那么多，又有多少分给一个渠道呢？发布硬广告，也就是直接介绍商品和服务内容的广告的渠道多到数不过来：信息流广告类、朋友圈广告类、开屏广告类、视频贴片类、影视剧穿插类、百度专区类等，再加上各种发布软广告的渠道和KOL，到底要看哪种？

同时，线下媒介也毫不示弱：公交车站、地铁、户外广告牌、电梯、电视、报纸等。只要是人们能想到的媒介，都有可能成为广告媒介。多样化和碎片化的媒介充斥着消费者的生活，消费者的注意力越来越难以集中。

1.2.2　互联网圈层文化越来越多样

除了大众熟知的微博、微信、抖音、快手以外，互联网衍生出来的圈层文化也越来越多样。"人以群分"这一点非常明显地体现在互联网上，如以二次元群体闻名的B站（bilibili，哔哩哔哩）充斥着"动漫宅""游戏爱好者""汉服圈"等圈层。

而其他的小众兴趣圈也越来越多，光是潮鞋群体，就衍生出了得物App（原毒App）与nice App。而微博是最大的"饭圈"，可以在微博上找到很多明星的官方账号、官方粉丝后援团及微博超话。此外，还有如"运动圈"的Keep、"种草社区"小红书、厨艺讨论区下厨房等其他圈层。

非常有趣的是，各圈层间并不爱沟通。特别是对于"90后"这些互联网的初期用户而言，各自的社交圈里已经生发出各种沟通暗语，这些是外人听不懂的"梗"。所以，如果现在要打造全民舆论，则比过去难得多，不仅要有大把预算将各个圈层打透，还要熟悉各个圈层的"语言"，只有这样才能达到有效沟通的目的。

1.2.3　大众的遗忘速度加快

在信息爆炸的时代，公众对于热点事件的记忆时长越来越短，已经从原来的黄金48小时缩短到现在的黄金12小时。也就是说，当热点出现的时候，可以"蹭"热点的时间已经越来越短，曾经热点在产生后48小时还有余热，而现在超过12小时就已经过时。而一个热点事件，如果3天之后还没有新的舆论点出现，它也就非常自然地消失在公众视野中，通常不再有人关注。每一次营销事件，除了在与互联网上所有的舆论竞争，还在与时间竞争，每一天、每一分、每一秒都在竞争。

一年中对于商家而言有几个比较重要的节日有"6•18"、"双十一"、春节等。这些节日的活动预热时间从提前3天，发展到提前半个月，目前发展到提前一个月。大家可以仔细回想一下，是不是"国庆黄金周"一结束，大家就可以在地铁站、公交站、开屏网页、微博 KOL 等处看到无处不在的天猫广告了呢?

消费者被巨大的信息量裹挟着，并且越来越追求快速了解信息，越来越多的人会把视频调成 2 倍速，短视频的时间设置为 15 秒至 1 分钟。这些现象都说明了消费者的注意力很容易从一个注意点转移到另一个注意点，他们的感官被太多新鲜的事件刺激，对事件的遗忘速度也越来越快。想让人们长时间讨论一个事件，已经越来越成为一种不切实际的幻想。

公众号——切身体会到的流量困境

2015 年是微信公众号的红利期，那时候我可以明显感觉到，身边的人几乎都开通了微信公众号。我那时候刚毕业，在一家广告公司的市场部工作，被安排运营这家公司的官方微信公众号。当时在负责运营微信公众号的部门里，只有我和一个设计师。这个微信公众号除了用于宣传公司案例以外，还用于介绍营销理论及发布一些与热点条件相关的内容。当然，主要的 KPI(Key Performance Indicator，关键绩效指标) 就是吸粉及增加阅读量。

由于这个微信公众号是订阅号，所以每天都可以发布一篇文章，只是公司没有硬性规定，有内容就发，没内容就不用发。于是我们保持着大概每周 2 篇文章的频率更新。那时候，我们没有做任何吸粉小游戏，也没有花钱通过广点通这个平台投放广告，相当于在"佛系"更新。但就是这种自然流量，日常发布一篇文章的阅读量大概有几千左右，但是一旦遇到热点，阅读量就会立刻暴涨到几万，于是一两万的新关注量立刻就有了。但是当时的我并不知道这是微信公众号的红利期带来的好处。当时只要追一追互联网热点，就可以获得每月涨粉几万的数据。

后来我跳槽到另外一家手机科技公司做活动策划，才过了短短一年，微信公众号就已经无法再仅凭追热点来获得粉丝。几乎每家公司的微信公众号的粉丝，都是前几年在红利期获得的，之后就是微信公众号发展的漫长的停

活动策划:
流量获取 + 经典模型应用 + 销售转化 + 品牌塑造

滞期，但还是不断有刷屏级的案例出现。而一个微信公众号运营团队，也从原来的一两个人变成了五六个人的大团队。我当时负责活动策划，活动效果的重要评价指标之一就是活动帮助微信公众号吸引到的粉丝数量。我当时策划的最大的一次活动是，花了 80 万元的预算，最后吸引到了 20 万的粉丝。虽然活动达到了目的，但是我当时觉得获得粉丝的成本太高了，所以很怀念曾经追逐热点就可以获得几万粉丝的时期。后来我才认识到那时的粉丝成本已经翻了 3 倍。

再后来，曾经运营微信公众号的朋友都放弃了他们的微信公众号，第一家公司的微信公众号也早早停更。其他的企业微信公众号大多数都是"新品发布＋半电商"的性质，纯粹靠内容吸粉已经不可能了，刷屏级的案例也越来越少。新媒体运营的岗位招聘要求中都写着需要具有运营短视频的经验。

我也算见证了微信公众号红利期从开始到结束的过程：从只要认真写内容就可以吸粉，到后来各种花里胡哨的 H5，再到最后，必须要依靠外部渠道和增加功能性用途，才能获得粉丝。短短 5 年，我庆幸自己早早认清流量已经陷入困境，并早早转型。

1.3 传统的营销形式失灵

从 2017 年到 2018 年，不看好传统 4A 公司（American Association of Advertising Agencies，美国广告代理协会）的声音此起彼伏。直到 2018 年年底，WPP 集团（Wire&Plastic Products Group，一个广告传播集团）宣布，旗下诞生于 1864 年的 JWT（J.Walter Thompson，智威汤逊广告公司）被合并。这一消息震惊了广告圈。JWT 是全球第一家广告公司，也是历史最悠久的广告公司。到 2019 年，世界经济持续低迷，各大公司的营销费用大幅缩减，传统广告人的冬天好像一直都没有结束。以 Big idea（好主意、大创意）著称的传统广告策略，也开始向 Big data（海量资料、大数据）转型。

传统的广告公司越加举步维艰。这增添了广告人的焦虑。传统营销形式的核心有以下 3 点。

（1）找准定位。找到这个产品的卖点，以及市场的空白。

（2）制作一个有 Big idea 的广告，一个有洞察力的、让所有人都能看懂的广告。

（3）在各个头部媒体渠道投放这个广告，让消费者通过这些渠道都可以看到产品的身影。

接下来数据就会一路上涨，产品不愁销量，公司的各个 KPI 达标。达成这 3 点的主要挑战在于前两点，我们可以看到大量的营销书籍都在强调找准定位和拥有洞察力。因为上半场的渠道不多，圈层分化不明显，流量聚集，只要找准定位并拥有洞察力，就可以影响消费者，从而让其产生购买行为。

但是现在，传统的营销形式失灵了。

我国的空白市场越来越少，经历过消费升级的人们，已经从满足需求、创造需求，到达了现在的理智消费的层面。而圈层的增加，也使广告人更难用一个 Big idea 达到和所有人沟通的目的，更多的只是一群广告人的自我狂欢。

在工业时代诞生的营销形式，在互联网时代越来越难以获取消费者的注意力，因此必然会发生颠覆性的变化。在近几年的戛纳国际创意节期间，公众越来越频繁地看到阿里巴巴和腾讯的身影。互联网公司拥有数据和技术，可以依托大数据和算法分析消费者的特征和消费心理，进而对消费者的行为做出预判。

某种程度上，在现在这个时代，掌握着数据的公司，越来越有营销的话语权，并且越来越能快速适应瞬息万变的营销环境。所以越来越多的互联网公司成立了自己的内部团队，越来越多的热点活动出自内部团队之手。昔日辉煌的传统营销已经落寞，取而代之的是数字营销。

落寞的广告业

我为什么会进入市场营销这一行？

在国外读书的时候，我就对营销广告产生了浓厚的兴趣。当时我就发现

活动策划：
流量获取＋经典模型应用＋销售转化＋品牌塑造

消费品的种类非常多，而同质化竞争又非常激烈，为什么人们在超市看到多种产品时，会选择 A 而不选择 B 呢？广告在人们做出选择的过程中到底具有多大的影响力？对此我感到非常好奇。

于是我读了很多广告学的相关理论书籍，如经典的《定位》《一个广告人的自白》等，越读，我对广告行业的兴趣越浓厚。我毕业以后顺利进入了广告公司，非常希望能将广告理论应用到一个个案例中。但是殊不知，此时由于互联网的冲击，广告行业已经开始走向落寞。所以，我在广告公司工作得异常辛苦。

当时我常常感到奇怪，为什么我们的广告明明是按照理论一点一点做出来的，但转化率居然这么低，而且越来越低。

无论是精美的海报，还是产品 TVC，投放到社交媒体上产生的效果都非常平淡，很多时候还不如投放到微博、微信公众号上。我渐渐发现，曾经被广告人奉为主臬的广告理论，由于交互形式的改变，已经无法再用来创造出神话。

对几乎所有的品牌广告和产品广告来说，如果没有 KOL 的帮忙转发，它们根本无法覆盖更多的受众。而最核心的创意方法，虽然同样奏效，但是其表现形式早就不再是一段文案、一句 slogan（标语）那么简单了。

如果在广告公司工作，那么对于公司在慢慢走下坡路的感受是很明显的，因为大家其实都心知肚明。我们越来越没有办法解答客户提出诸如"如果要花 20 万元拍一个产品广告，再找几个大 V 帮忙转发，那么为什么我不直接找大 V 制作并发布'种草（推荐）'内容呢？省下的钱还可以找更多KOL，他们的转化率更高"之类问题。客户说的也的确是事实。

对于新公司而言，维持运转最重要，所以就广告目标而言，增加销量优先于提升品牌形象。

所以转化率高的 MCN 公司迅速崛起，而广告公司的客户则不断流失。我所在的公司完全靠老客户（大公司）的续签维持运转，新兴的互联网公司则更倾向于让自己的市场部制作广告内容，而让 MCN 公司进行推广。

我就这样怀揣着对广告公司的憧憬成了一名广告从业者，结果却遭遇了广告行业的打击。在一个落寞的行业，个人的努力通常是很微小的，无论我做什么都会有一种强烈的挫败感。但是还好，当时只是落寞的开始，所以业内时不时还是会爆出几个效果非常好的案例，我非常庆幸那时候对营销进行了系统的学习，这让我之后到甲方公司进行活动营销的时候，能够有足够的理论支撑我每一步的操作。

1.4　流量整体下滑之后的趋势

目前，互联网红利期已经结束，但是经济还是需要发展，互联网也不例外，在这样的困境之中，依然有一些趋势值得我们注意。只有了解趋势，才能让我们的活动策划更好地达到品牌宣传和流量转化的目的，而不是做无用的营销。

在日趋饱和的互联网领域，有待开发的空白点在哪儿？

在腾讯于 2019 年发布的《2019—2020 中国互联网趋势报告》中，有 5 个方面目前来说是值得关注的。

一是视频对图片或文字的侵蚀还将持续并极有可能加速。在新网民中，视频可能是他们接触网络的第一介质。二是轻度娱乐，包括休闲类游戏和低门槛视频，在低幼人群、银发人群等新网民中更容易落地，所以接下来有更大的机会。三是我国互联网族群化进一步加速，包括亚文化带来的圈层消费，以及理性追星带来的偶像经济。四是五线及以下城市，包括农村，是互联网的新热土。那里的年轻人习惯了熬夜，并且拥有更多需要填满的时间。五是宏观经济的走势将影响网民在互联网上的消费选择（升级或降级）和消费密度（进一步网络化）。

以上趋势中，有一些流量聚集区其实已经非常明显，营销人需要找到这些新的流量聚集区，让这些流量为自己所用。2019 年非常明显的流量聚集区主要有短视频市场和下沉市场（三线及以下城市、县镇与农村地区市场）。

1.4.1 短视频营销势能将持续性爆发

QUESTMOBILE《2019 短视频行业半年洞察报告》显示，各个热门短视频应用（包括抖音、快手、西瓜视频、微视等）2019 年 6 月的月活跃用户规模超 8.2 亿，同比增长 32%；2019 年 6 月的人均使用时长为 22.3 个小时，同比上涨 8.6%。在争夺用户注意力的战场上，短视频一枝独秀。字节跳动旗下的抖音、西瓜视频和火山视频的月活跃用户数接近 7.23 亿（去重之后），快手月活跃用户数达到 3.4 亿（去重之后），同时，抖音用户的 7 日留存率达到 81.7%，快手用户的 7 日留存率达到 84.4%，巨头效应明显。在用户快速增长的同时，短视频的内容也得到了很大程度的丰富，除了娱乐需求以外，用户对生活窍门等实用性内容、社交和购物的需求也在不同程度上得到了满足。

同时，短视频应用也在从泛娱乐向媒体的属性过渡。目前，已有超过 7 000 个官方媒体入驻抖音，可以预见，短视频应用将在未来持续抢占其他媒体平台，用户黏性将变得更高。预计短视频市场规模将超过 230 亿元。由于 5G（5th generation mobile network 或 5th generation wireless system，第五代移动通信技术）等新技术的加持，短视频发展还有巨大的空间，将继续保持高速发展。

而其中，超过半数的用户的消费行为会被短视频影响。在普通的营销渠道下，广告可能要接触消费者 6 次以上，才能达到影响消费者消费行为的效果。但是短视频更直观、更快速地刺激消费者感官的特性，可让超过半数的消费者的消费行为受到影响，这个数据简直是太惊人了。

2018 年 12 月 11 日，抖音正式推出电商购物车功能，满足入驻条件的用户，可自行申请开通抖音购物车。于是在 2018 年"双十二"当天，抖音官方数据显示，平台促成订单数超过 120 万，Top50 账号成交额超 1 亿元。而通过抖音打造的"网红"店，如泡面小食堂和答案奶茶（虽然它们很快就倒闭了），更是完全利用了抖音红利的价值，在短期内迅速成了"爆款"。同时，快手在电商领域也有突出表现，2018 年"双十一""双十二"期间的订单数均超过千万，高峰值成交额过亿。

短视频除了占据了用户的时间和注意力以外，也在逐渐占据商家的营销预算比例。在整体广告预算降低、投放费用减少的大前提下，广告主的投放重点也开始从"双微（微信、微博）"向短视频平台集体迁移。在投放微博的同时，广告主也会将可观的预算用在抖音上。短视频平台以自己超强的"带货"能力，已经成为现在广告主不得不重视的营销战场。

1.4.2 垂直领域展现出极大的潜力

垂直类社区的粉丝黏性比大众平台的粉丝黏性更高，并且这些粉丝越来越体现出他们极强的购买能力。提到垂直类"社区"，就不得不先介绍一下目前国内最大的美妆"种草社区"——小红书，以及另外两个垂直类社区。

垂直领域极大的潜力

1. 小红书

小红书的官方数据显示：截至 2019 年 1 月，小红书的注册用户数量超 2 亿，日活跃用户数量突破 1 000 万，其中女性用户约占 90%，每月新增笔记在 100 万条以上，25~35 岁的核心女性用户占 63%。可以说小红书聚集了我国购买力最强的女性用户。在小红书上火起来的产品比比皆是，尤其是美妆类、服装搭配类产品，频频出现"爆款"。

小红书的本质可以说和大众点评是一样的，都是靠口碑起家，依靠大量的用户在平台上发布自己的试用体验。这种"社区＋口碑"的模式，很容易让消费者产生信任感，特别是花样繁多的美妆类产品，其口碑对用户的消费行为产生了至关重要的影响。于是真正好的产品，一旦在小红书上形成口碑效应，就具有成为"爆款"的潜力。

2. B 站

除了小红书，B 站也是不容忽视的营销阵地。B 站是一个通过二次元内容（动漫等）和弹幕火起来的视频网站。B 站 2019 年 Q1 的财报显示，其月均活跃用户破亿，日均活跃用户达 3 000 万，用户日均使用时长达 81 分钟，用户黏性非常高。

B 站用户的付费意愿非常强，他们大多数是互联网的初期用户，对 UP 主（指上传视频文件的人）的忠诚度大于其他平台的用户，并且非常稳定。换句话说，B 站 UP 主的"带货"能力不容小觑，B 站美妆博主的"带货"能力丝毫不比抖音或者小红书上的美妆博主逊色。而 B 站精准对焦年轻人群体，因此成了想吸引年轻人的品牌的最好的营销阵地，肯德基、美宝莲、佳洁士、小米、知乎等各大品牌，几乎都在 B 站做过新品首发和直播活动。

3. 得物 App

随着 Rap（说唱，饶舌）、街舞等潮流文化的兴起，运动潮流电商平台得物 App，在已经被淘宝、拼多多占据大部分市场份额的电商市场中杀出重围，迅速成长起来。在 2018 年下半年，得物 App 依靠球鞋这一细分领域，以专业的球鞋鉴定服务，针对用户担心买到假鞋的痛点，为用户提供解决方案，迎来爆发式增长。2018 年得物 App 的 GMV（Gross Merchandise Volume，网站的成交金额）已超百亿元。虽然以球鞋为核心点，但其他社区类内容也在得物 App 上涌现。它更像一个男性版的小红书，潮衣、搭配单品等内容层出不穷，"种草"属性让得物 App 可以充分发挥全方位的"带货"能力。

随着垂直类圈层的深入发展，曾经被忽略的社区开始再次受到重视。除了以上 3 个平台，还有其他在垂直类社区中排名靠前的 App，如健身达人几乎人手一个的 Keep，厨房烹饪社区下厨房，用户主要为关注体育话题的男性的虎扑，母婴类社区中排名靠前的垂直类电商——辣妈帮、宝宝树孕育等。以上列举的都是营销人可以考虑的营销平台。同时，由于垂直类平台的内容更优质、用户黏性更强，所以在这类平台开展营销活动往往会达到意想不到的效果。

1.4.3　下沉市场依旧是蓝海

先是用户多为三、四线城市居民的快手迅速发展，再加上异军突起的拼多多，在流量已陷入困境的大环境下，人们不得不注意到另一个流量蓝海（当今还不存在的产业、未知的市场空间）——下沉市场。

由于三、四线城市的区域没有一、二线城市大，生活节奏也没有一、二线城市快，所以小镇青年下班早、通勤时间短。有调查显示，三、四、五线城市的青年下班在路上的时间一般在 15 分钟左右，而晚上睡觉的时间一般在 11 点前后，因此他们有大量的空余时间需要填补。

同时，他们的购买能力也在增强。在三、四线城市的网民中，67.5% 有着稳定的收入。随着智能手机、4G 网络和微信的普及，可移动支付的三、四、五线城市的网民超过 90%，这是一个人口约 10 亿的红利市场。了解他们的生活之后，快手和拼多多的崛起就一点儿也不令人感到意外了，它们正好满足了小镇青年的娱乐需求和购物需求，而在这之前，小镇青年可能是一直被互联网忽略的一部分人。

举例

2019 年，用户多为小镇青年的拼多多和快手的表现都非常亮眼。拼多多《2019 年 Q2 财报》显示，拼多多 2019 年第二季度的总营收额达到 72.9 亿元，且上一年的活跃买家数近 5 亿，而 GMV 全年有望破万亿大关。《2019 快手内容生态报告》显示，在 2019 年 5 月，快手的日活跃用户已经突破 2 亿，月活跃用户已经突破 4 亿，原创视频库存数量超过 130 亿。这也证明了下沉市场具有极大的潜力。

目前，下沉市场已经成了一个人们津津乐道的话题，许多大公司已经注意到了这个市场并开始布局。但是对于小镇青年来说，目前的状况显然还不能完全满足他们的娱乐需求，约 70% 的下沉市场的网民依然有大把空闲时间需要填补。当一线城市的网民被工作和通勤时间挤压到没有娱乐时间的时候，下沉市场的网民正渴求着互联网所能提供的全方位的便捷性，就与当初一线城市的网民一样。所以如何了解他们，并与他们产生互动，就成了营销人必须要考虑的事情。

活动策划：
流量获取 + 经典模型应用 + 销售转化 + 品牌塑造

1.4.4　线下流量重新回归视野

当年天猫、淘宝店如日中天时，有人曾大胆预言：以后不会有人再在线下开店，所有的商品交易都将在线上完成，线下门店只会让消费者进行产品体验，而不会再让消费者产生消费行为。

确实，在淘宝、天猫、京东等电商平台持续发展的背景下，我国零售行业已经萧条了很多年。但是现在，线上流量的费用开始变得高昂，再加上线上商城的入驻费用、购买流量的费用以及各种推广费，这些费用之和甚至早已远远大于线下门店的租金。于是，人们的目光又回到线下，开始重新重视线下流量，并且更加注重线上和线下的结合。

这时，线下流量也再次出现惊人的成功案例，最值得一提的就是名创优品。

名创优品在 2018 年已经在全球 79 个国家和地区开了近 3 500 家门店，其中，在我国有 2 300 家，在 5 年的时间里，其总销售额已经突破了 170 亿元。另外，线下餐饮业不断地展示着线下流量的强劲之处。茶饮品牌中的喜茶，2019 年估值为 90 亿元，线下门店超 300 家，单店平均每天卖出 2 000 杯，单店平均月营业额为 100 万元，平均年营业额在 1 200 万元以上，全国总体年营业额超 35 亿元。同样保持强劲增长的还有海底捞，《海底捞 2019 年上半年财报》显示，海底捞上半年收入为 116.95 亿元，同比增长 59.3%，全球总门店从 2018 年的 466 家增长至 593 家。

除了众多商家利用线下流量扩张自己的商业帝国以外，还有一个现象，就是商家对于线下流量的投放预算比例也再次提高了。《2018 年度中国广告市场数据》显示，在过去的 3 年中，我国广告市场整体低迷，持续负增长，互联网广告刊例收入增速逐年放缓至 7.3%，而电梯电视广告刊例收入却在 2017 年和 2018 年都保持着 20% 以上的稳定的增长速度。

从以上数据可以看出，随着线上红利的消失，前几年被忽略的线下流量重新回归大众视野。从社区商场到楼宇电梯，从大型商场到家门口的便利店，越来越多的快闪店、体验店，都宣告着线下流量是一块新的营销洼地（价值更高、价格更低的营销方式），拥有着和线上流量同样的势能，能达到同样高的转化率。

所以，营销人可以通过营销活动做好线下市场并将其与线上结合，形成有效的闭环，从而达到"品效合一"的目的。

我们可以看到，传统单一的营销手段已经逐渐失效，用一句文案、一张海报就能刷屏的时代已经一去不复返。想要达到营销目的，必须综合开展营销活动，跨平台打造营销矩阵，打破线上、线下的壁垒，同时计算好每一次的转化率。在第2章、第3章、第7章中，笔者将与大家交流以下几方面的问题：如何通过活动策划实现品效合一，活动策划常用的几种经典模型，跨品牌活动策划怎样实现双赢。

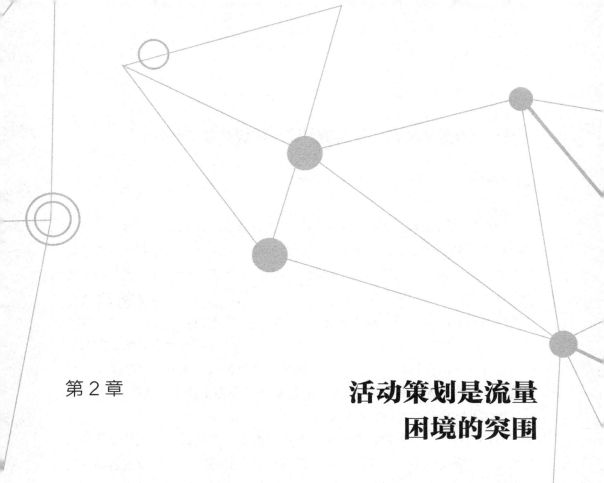

第 2 章

活动策划是流量
困境的突围

　　在面对现有的流量困境时，笔者认为，只有通过活动策划才能真正实现突围。由于流量是变化的，所以运营某个单一渠道，在流量红利期是一件非常划算的事，因为在这个时期纯靠内容就可以取得很好的效果。但是社交媒体都有生命周期，当流量红利期结束时，就很难再获得更多的流量。活动策划可以是灵活的，可以利用多重渠道，也可以尝试最前沿的技术和互动玩法。营销人可以用各种方式来实现流量困境的突围。

2.1 活动策划的目的是突破困境、获取流量和销量

时代不同，品牌和效果不能再分开。

随着互联网流量枯竭，流量和销量都上升到了同样重要的位置。越来越多的企业的品牌部都不得不面对这样一个问题：开展这个活动有什么用？虽然很多做品牌的人会很反感这个问题，因为对于传统品牌资产来说，衡量活动成功与否的标准并不只是活动带来了多少销量，还有品牌知名度（知道这个品牌的人多不多？）、品牌美誉度（消费者对品牌的好感度与信任程度有多高？）及品牌对消费者心理的影响而产生的溢价（消费者是否愿意花超出产品本身价值的金钱购买产品？）。但是如果再深挖一下，提高品牌知名度和美誉度最终是为了给企业创造销量，而溢价也是为了增加企业的利润而已，所以优化品牌资产的最终目的就是带动销量。

但是在过去，品牌对销量的作用有滞后性，也就是说需要先建立品牌的知名度、美誉度和溢价，才能看到销量得到明显的提升。所以企业前期在构建品牌的时候，很像在构建高楼的地基，只有地基稳了，建筑的高层——销量，才会源源不断，甚至可以说，只要品牌建立好了，企业就可以开始"躺赚"。

过去是一个迷信品牌的时代，因为品牌可以降低消费者的决策成本，自然就能汇集流量，所以那时有名气就有销量。

以前只要你会写文案、懂创意，你就是一个合格的营销人。但是互联网时代的到来，打破了"品牌先行，销售后行"这条定律，更常见的是品牌和销售同步进行，甚至是销售先行。有些企业先是产品销量惊人，然后消费者才注意到这个品牌，如拼多多。

为什么会这样呢？

活动策划：
流量获取 + 经典模型应用 + 销售转化 + 品牌塑造

因为互联网让购买行为变得非常简单。曾经，消费者在电视上看到产品的广告，可能要等到逛街的时候才买，而现在，消费者一旦在微博上被"种草"某件产品，就可以直接打开淘宝购买该产品。这一切可能就是在躺在床上刷微博的那 5 分钟里完成的。更令传统营销人深感震惊的是，被信任的博主推荐某个产品时，有时候消费者甚至不知道这个产品是什么品牌的，就直接购买了。这种可以被统称为"网红产品"的产品，已经一而再、再而三地刷新了销售纪录。

由于消费路径的改变，效果已经不再有滞后性，品牌和效果已经合为一体，特别是决策难度低、购买频次高的商品，例如衣服、零食、彩妆，转化速度会非常快。

今天，如果你只知道写文案、做创意海报，而不了解转化率、精准投放、数字营销、效果营销等，那么你的竞争力将会很弱。

随着互联网的崛起和流量的枯竭，要建立起一个自带流量的品牌，需要投入的时间和资源已经远远多于以前。更重要的是，品牌的权威性也在瓦解，现在的消费者越来越不相信权威媒体和明星的背书。

所以品牌和效果将不再是两个独立的概念，对于营销人而言，在每一次新品推广中，如果只在意曝光量，将是非常狭隘的认知。现在每一种流量都极其宝贵，营销人的责任就是保证流量可以发挥最大的效用。

所以，每一个营销人都应该有活动策划的思维。在一场推广活动中，活动策划不仅要保证品牌的调性和曝光量，还要将这些曝光量转化为销量，不仅要触达用户，还要实现用户转化，并最终让新用户成为忠实用户，从而使之反复购买产品。

活动策划会梳理活动中的每一个转化链，清晰地规划出哪些动作是为了提高品牌力，如发布创意广告、视频贴片广告、热点海报、代言人大片等；哪些动作是为了提高转化率，如推广图片二维码、口碑软文、打折信息、小程序等；还有哪些动作是为了促进用户复购，如设置积分系统、用户等级、特权加持等，为用户打造一个闭环的行为路径，并且不断优化这个路径，从而提高用户的品牌忠诚度。这种方式已经成为更高效、更先进的营销方式。

由此可见，活动策划的思维，就是品效合一的思维。

2.2 用活动策划迅速获取流量

活动策划能帮助品牌迅速获取流量。首先，活动策划非常灵活：流量在哪里，就在哪里做活动；人们更容易转化为用户的场景在哪里，就在哪里做活动。其次，活动策划会让流量沉淀到自己的私域流量（指自媒体、微信公众号等可直接触达用户的渠道）中，让这一部分流量可以实现低成本的反复触达，并同时快速测试出核心流量，也就是质高量高的流量喜欢的活动方式。最后，活动策划可以利用在每一次活动中获取的有用的数据不断调整活动方式，这样也会使流量的获取速度越来越快。

2.2.1 全渠道的流量为我所用

对于活动策划来说，获取流量是没有太多渠道方面的限制的，互联网渠道都是可以发力的地方。

由于活动运营的环节复杂而多变，前期的预热活动、活动的爆发、二次发酵、扩大传播量以及最后的复盘，都是环环相扣的。所以在这期间，触达消费者的场景也是一个动态的过程，消费者不会只停留在一个渠道，同一个消费者会接触多个渠道。

比如，一个喜欢篮球的少年可能也是音乐发烧友，他在看体育资讯的同时会打开音乐 App 听音乐；一个上班族喜欢看美剧，也喜欢打开下厨房研究菜谱。人们的兴趣爱好和工作场景是多种多样的，在选择渠道的过程中，只要是能触达目标用户的渠道，都会出现在活动策划者的面前。

对于活动策划者而言，没有渠道的限制意味着可以最快地找到需要的流量聚集地，将分散的流量通过渠道聚集起来，使其在一段时间内集中爆发，从而带来巨大的声量和效果。

如果是一种以线上销售为主的产品，举办一场线上活动，则需要考虑所运用的渠道的方向。可以是主流大众熟悉的微信和微博，也可以是目前热度很高的小红书和抖音，还可以选择精准的垂直类平台，如知乎、Keep、B站、下厨房等。在预算允许的情况下，活动策划者会围绕目标用户及预期结果，将线上的流量渠道进行矩阵布局，并且分别安排在用户路径链条中，像将军一样排兵布阵，以期在最短的时间内，迅速聚集最多的流量，实现品牌讨论度和知名度的双重爆发。

现在线上流量非常昂贵且稀缺，所以，全渠道自然还包括线下的流量。

现在，无论是没有线下门店的互联网公司，还是有线下门店的实体企业，都非常重视线下流量。所以对于活动策划者来说，要实现流量爆发，线下流量是不得不重视的。

在一场活动策划中，没有线下店的互联网公司可以考虑投放传统广告，如公交车车身广告、地铁或公交车站点广告、楼宇电梯广告；也可以和线下门店进行跨界合作，如与餐厅合作开主题店；还可以策划有趣的活动，如开设快闪店、举行媒体发布会，这些都可以提高消费者的触达率及品牌话题性。

对于重点在线下的实体门店，以上的渠道也同样适用。线上围绕目标的全渠道矩阵式投放活动，结合线下的投放活动及地面推广落地活动，同样可以在短期内迅速扩大品牌的声量和影响力。

所以对于活动策划者来说，流量的获取是没有边界的，只要是流量聚集的地方，无论是线上还是线下，无论是大众化的平台还是垂直类平台，都可以加以利用。活动策划者需要思考的，只是如何将这些渠道利用好，在短期内吸引消费者注意力，最大限度地为品牌取得声量。

2.2.2　通过场景获取流量

吴声在《场景革命：重构人与商业的连接》一书中提到：场景是重构人

与商业的连接，产品即场景，分享即获取，跨界即连接，流行即流量。

换言之，没有场景，就什么也没有。

而现在的场景也已经脱离原生场景。在传统广告时期，一家酒店可能会将广告投放在与旅行有关的场景中，如携程旅行网、去哪儿网、机场、火车站、旅行社宣传册等。但是现在，通过一些普通人拍摄的旅行 vlog（Video blog，微录）介绍这家酒店，就有可能让这家酒店成为一家每天爆满的"网红"酒店。

现在的场景已经从单一走向多元，以短视频平台、社交娱乐为代表的泛娱乐场景，让用户的线上时间和线下时间都变得更碎片化。一个人在逛商城的同时可能在刷抖音，从而忽略商城的广告而被抖音"种草"衣服，这已经是再寻常不过的事情了。因此，活动策划就是要通过多场景帮助企业获取流量和关注度。

活动策划通常会将用户的生活场景完全考虑在内。

就用户在一天中会遇到的场景而言，如早上的早餐店、搭乘的交通工具、上班的写字楼、居住的小区、晚上的健身房，以及睡前要浏览的社交媒体，这些统统属于原生场景。除了以上原生场景，还要将容易吸引用户注意力的泛娱乐化场景也考虑在内。

除了以上场景，活动策划有时还需要创造场景。

如策划一个事件，或者打造一个新的场景，来引起人们的兴趣，"引爆"话题。如知乎的"不知道诊所"快闪店，就将知乎的内容和医院的场景进行了有机的结合。知乎的吉祥物刘看山说："就像身体上有了问题，我们会'去医院—挂号—看医生'一样，生活中有了问题，我们也会'来知乎—搜索—得到答案'。"快闪店内设置了 6 个科室，每一个科室对应不同的主题和互动方式。"不知道诊所"快闪店开业第一天就让北京三里屯橙色大厅前排起了长队。这就是非常成功的通过活动策划创造场景的实例。

活动策划也可以用来改造原生场景，给用户带来更多新鲜感。

一些我们常见的空间，如地铁、餐厅、酒店等，都是非常适合通过改造场景来获取关注度的地方。如当年的刷屏级案例——网易云音乐歌词地铁，那次活动将精选的网易云点赞量最高的 100 条歌词制作成海报包装整个地铁，通过改造地铁场景，实现流量爆发。还有网易严选和亚朵酒店的联合，按照网易严选的风格改造亚朵酒店，一时间亚朵酒店的微信指数、百度指数都迎来了爆发式的上涨，并且持续了半个多月。这些都是通过策划改造原生场景达到获取流量目的的实例。

所以，可以通过活动策划，充分利用原生场景、碎片化泛娱乐场景或者制造、改造场景，从而有效获取流量。

2.2.3　公域流量到私域流量的沉淀

由于流量枯竭，用户拉新的成本太过高昂，于是大家渐渐将目光转移到已有用户身上，挖掘老用户的最大价值成了企业的共识，私域流量的概念应运而生。其实私域流量早已存在，如微信公众号的粉丝、微信群、QQ 群、个人微信号等，它们的共同特点在于不需要付费，可以不限时间和频次地反复触达。按照这个理论，企业的会员系统及线下的每一个门店里的客人，其实都可以算作企业的私域流量。而与之相对的公域流量，就是指平台的流量，如淘宝、天猫、京东、抖音、今日头条等，企业只能通过付费的方式获取流量，如果没有形成转化，那么多数将是一次性的流量。

1. 私域流量有什么好处

第一，私领流量能节省更多的费用，在没有用户拉新预算的情况下，私域流量的反复触达是不需要花费任何费用的，并且让老用户反复消费的成本也比让新用户消费的成本低。老用户还可以裂变出新用户，每一个老用户都连接着 3 个潜在的新用户，实现裂变也会产生很大的收益。而这一切是在已有的流量池中进行的，比购买公域流量的预算低很多。

第二，私域流量的转化率更高。首先，由于私域流量已经不是一级触达的用户，多数是二级、三级触达的用户，所以用户是非常精准的。其次，用户愿意关注你，来到你的流量池，说明已经对你产生了一定的信任。既然用户已经熟悉你的产品且信任你，那么转化率相较于公域流量会高得多。

第三，私域流量可控。如在几百人的粉丝群中，你可以设立规则，也可以和个别有不满情绪的人单独沟通，消除他的疑虑，以免这些人把一些负面信息公布给公域流量，从而造成公关危机。

2. 活动策划是如何在公域流量和私域流量中起作用的

既然私域流量的性价比高、转化效果好，自然应该源源不断地将公域流量引入私域流量，再慢慢将私域流量池的容量扩大，让更多的流量可以以低成本的方式为企业所用。这个过程就是靠活动策划一步一步将用户引导进来完成的。同时，用户被引入私域流量，并不意味着活动策划的结束，这些珍贵的流量，更需要用心的维护，否则就前功尽弃了。而且，私域流量给了企业深入了解用户的可能，企业可以更直接地得到目标用户的反馈及需求信息，这对于活动策划者来说是非常好的信息来源。维护私域流量时，也需要利用活动策划针对性地刺激用户，从而达到提升复购率的效果。

所以，从将公域流量引入私域流量，再到维护私域流量的活跃度，最终实现低成本、高回报，就是一个成功的活动策划的案例。

在可预见的将来，维护私域流量的活跃度将会越来越重要。私域流量的界限也会逐步扩张，围绕产品的私域流量将不再局限于线上，线下也将是重要的阵地，而这一切都离不开活动策划。

一场吸粉 20 万的活动

现在，公司如果创建一个自媒体平台的新账号，纯靠内容吸粉是非常难的事情。但是如果靠活动，就能非常快速地吸引第一批粉丝。

活动策划：
流量获取＋经典模型应用＋销售转化＋品牌塑造

很久之前，我在一家科技公司工作，那时我们准备为新的产品线创建一个新的微信公众号。定位、内容都非常清晰，但是应该怎样获取第一批粉丝？毕竟从集团微信公众号导流的粉丝是有限的，而且我们也希望拓展新的用户群，因为产品功能不同，针对的群体也不一样。若纯靠内容，粉丝量肯定不能迅速增多。我们天天都在想，如果能一下子有 20 万粉丝就好了。一天，我和同事绕着公司散步时，发现去年公司发布会活动的奖品——一辆价值 80 万元的奔驰汽车，居然还停放在公司。于是我们打听了一下原因，原来是中奖人迟迟未来领奖，已经过了领奖截止日期，却依旧没有消息，领奖资格早已作废，车也没有别的用途，所以就一直闲置在公司。于是我们两个人立刻都觉得可以利用这辆车好好做一次活动。

在申请到使用这辆车的资格之后，我们便开始策划，设定了吸粉的 3 个要点。

（1）导粉渠道：选择符合用户使用习惯且流量巨大的平台，最后 QQ 空间成为首选。

（2）活动形式：参考支付宝集五福的形式，收集成功即可抽奖，活动在微信公众号发起。

（3）活动大奖：价值 80 万元的奔驰汽车。

当时我们用资源置换的方式和 QQ 空间谈合作，所以没有花费太多的渠道费用。整个活动的形式其实非常简单，就是在 QQ 空间的 Banner（横幅）广告位、信息流广告位等位置宣传收集卡片的游戏，用户点击后页面就会跳转到活动的 H5 界面，但用户必须关注我们的微信公众号才可以参与活动。集齐卡片的人就可以获得抽奖资格。当然，由于中奖概率很低，并且奔驰汽车也不是我们公司的产品，所以我们设计了奖品梯度，其他梯度的奖品都是公司的产品。

最终，活动效果非常好，QQ 空间的流量巨大，不到一个月，就为我们的微信公众号吸引到了 20 万粉丝。当时的粉丝均价为 4~5 元一个，我们完全达到平均值。并且由于之前的内容规划比较到位，在活动之后的一个月，微信公众号掉粉不到 10%，也就是说我们基本上留住了这些粉丝。

用不到一个月的时间，靠活动可以涨粉 20 万，但是如果光靠内容，可能一年都吸引不到 20 万粉丝。

2.3　活动策划是实现销售转化的利器

营销人一直要做的事情，就是找到购买产品的人群，而现在互联网的大数据及人群标签，可以帮助企业找到目标用户。而活动策划者就是在此基础上，找到最优的优惠福利或者创意内容的组合，达到更高的销售转化率。同时，活动策划者也会分析整个转化链条，缩短转化路径，让用户即看即买。最后，活动策划者还将重点关注有过购买行为的用户，通过营销活动让他们裂变和复购。

2.3.1　精准化营销——找到目标客群

相较于流量的获取，作为营销第二步的销售转化似乎更难。因为我们不清楚用户的需求是什么，更加不清楚他们在哪儿。当用户定位不准确时，广告费用就可能存在全部被浪费的风险。所以要提高销售转化率，在前期投放广告的时候，就要找到目标客群、做精准化营销。

为什么精准化营销在如今的广告营销中那么重要？

因为大数据和用户标签的诞生，企业对用户的认知越来越具体，不再盲目地将钱投向大众领域，而只是用来促进销售和进行品牌形象建设。作为投放对象的用户的画像越来越清晰，减少了浪费和无效营销。

在提高销售转化率的过程中，有两个问题非常关键。

（1）如何把产品卖给需要它的人？

（2）如何让产品更受用户喜欢？

这两个问题都离不开对用户需求的洞察。

目标客群是谁？

他们在哪儿？

他们喜欢什么？

他们有什么偏好？

他们的习惯是什么？

他们为什么要买我的产品？

过去确定用户需求主要靠一些有洞察力的营销人的主观判断，或者分析调查问卷。但是现在，有了用户基础数据，营销人就可以通过技术手段，绘制出更清晰的用户画像。根据用户画像所展示的用户偏好信息，就可以根据产品特点，在用户偏好的渠道上进行内容投放，从而精准获客，达到促成交易的目的。

所以大数据可以帮助营销人从更多的维度去接触和分析用户。利用用户标签进行精准化营销已经有比较成熟的智能推荐系统了，如淘宝的千人千面、腾讯的标签社交广告、抖音的按兴趣推荐等。现在，打开任何一个 App 都可以看到这种精准化营销的现象：比如前几天你在淘宝上搜索过的衣服，可能出现在你的微博页面；你在大众点评上点赞过一家火锅店，再次打开大众点评的时候，满屏都是火锅店推荐；只要你在抖音上给一个宠物视频留过一次言，接下来抖音就会不停地向你推送宠物的相关视频。千人千面的精准化营销，在未来一定会替代传统广告。目前，只有线上平台可以做到智能推荐，在未来，线下商场肯定也可以，如营销人除了应重视商场的人流量，还应关注人流的年龄区间、性别比例、消费行为、消费能力以及偏好等。随着技术的发展，线下商场的营销也会因为依靠数据而变得越来越精准。

缩小用户范围之后，为了提高转化率，依旧存在一个问题，那就是大数据和精细化标签依然只是一种帮助我们获取人群需求的手段，而我们依旧不知道用户的需求到底是什么。

我们只能靠这些标签数据不断地缩小用户范围，如用户的年龄、地域、性别，他们是否购买过目标产品，是否搜索过相关产品，这类用户又有什么共同的爱好和兴趣。除此之外，他们真的会产生购买行为吗？这就需要活动策划者为这些目标用户定制不同的营销内容，通过反复测试将真正有需求的用户筛选出来，促成合作。如活动策划者前期需要从产品出发，收集相关的信息标签，如年龄在 18~25 岁、女性、一线城市。再找到符合用户特征与标签的平台，如符合以上 3 个标签的用户聚集的平台——小红书、抖音、微博。之后设计出不让用户反感的内容，定向投放到平台，观察用户的行为反应及数据变化。再依据上一次的数据反馈，设计出下一轮的投放内容，反复测试，从而提升销售转化率。

2.3.2　缩短营销路径，解决销售最后一步

精准的用户投放和吸引力强的内容，只能达到将流量聚拢的效果。要将流量转化为销量，就看最后一步能不能成功完成。首先，缩短营销路径。现在的用户被太多的信息包围，接触一则信息的时间大概只有 3 秒，而且注意力很容易被其他信息吸引。其次，就目前互联网的状况而言，技术已经完全可以满足看到即可买到的需求。所以用户从被激发兴趣到下单购买的路径越来越短，路径上每多一个环节，就会损失一部分用户。所以活动策划者一定要注意营销路径的链条，要尽力缩短营销路径，减少损失。

这里的"缩短营销路径"有两个层面上的意义。

1．物理层面上的最后一步

一是指物理层面上的最后一步，如一定要在投放的素材上加上图片二维码或购买小程序，又如点击抖音视频里的加入购物车选项会跳转到淘宝页面，总之要加一个跳转到销售页面的转化路径。当然，这一点几乎已经成为活动策划者都会做的事情了。

2．心智层面上的最后一步

二是指心智层面上的最后一步，它与策划的联系更深，是指用户接触到和产品有关的信息，是否有购买冲动，而达到直接转化的效果。缩短心智层面上的路径比缩短物理层面上的路径的更需要策划。特别是分场景转化，如线下转线上，或者线上转线下，转化率可能只有千分之几。大家可能都有过这样的经历：就是公交车或地铁站台广告中植入的二维码，很少有人去扫，而在线上领取的线下使用的优惠券，也很有可能因为用户忘记使用而在微信卡包里被放到过期。这种单一渠道的投放方式，以及通过实体的嵌入进行销售转化的方式，效果都很难达到预期水平。线上广告的转化率相对高一点，但是一些生硬的广告或者太具创意而导致产品信息不明确的广告，转化率也很低；这些广告即使是线下广告，转化率也一样低。那该如何提高销售转化

率呢？

这就需要活动策划者布局整个投放链条，在对产品的目标客群进行定位之后，通过提供清晰的内容、合适的优惠信息和直接的行动指导，来缩短用户的决策路径，让用户可以从接触信息，直接过渡到购买产品。

而这个行为的转变是受多种因素和多场景共同影响的，是一个多方原因共同促成的结果；有可能是受到精准圈层传播活动的影响，也有可能是受到以点带面，从核心人群向大众扩散活动的影响。但不管怎样，都是活动策划者精心布局而影响用户消费行为的结果。所以，互联网技术的发展，让人们可以越来越方便地购物，现在几乎所有的平台都在导向购买，所以销售转化最后一步的障碍已经扫除，设置转化链接成为大家的共识，用户也对跳转链接、二维码等转化手段有了防备心理。所以，营销的"最后一公里"就从物理层面转化到了心智层面，这就需要通过整个活动策划操盘来实现用户心智的转化。笔者会在第3章重点讨论如何通过活动完成用户心智的转化。

2.3.3　实现销售后的裂变和复购

用户终于产生购买行为之后，这种用户就成了我们的核心用户。此时，活动策划并没有停止，我们可以针对核心用户开展两种营销活动。第一种是进行裂变营销，使一个核心用户，像细胞分裂一般，由一到多地进行复制，最后形成一个网络，积累巨大的势能。第二种是将核心用户变成忠诚用户，使之进行多次复购，这时就需要建立会员系统，来留住购买过产品的用户。

1. 裂变营销

裂变营销现在已经是互联网营销中不能忽略的有效手段中最重要的部分。由于新用户是由核心用户裂变得到的，而每一个核心用户都可以拉取3个潜在用户，所以我们可以将原有的广告预算（包括内容制作和渠道投放的费用）作为激发老用户拉新的奖励。

裂变营销有3个显著的特点：成本低、见效快、口碑好。

由于裂变营销是熟人间的推荐，且基于原有的信任链条，所以拉新的门槛会降低。用户不一定信任你的产品，却信任将产品推荐给他的这个人，特别是如果这个人还在进行正向推荐，那么在低门槛补贴和信任加持的共同作用下，转化率就非常高。所以在现在的营销活动中，裂变营销已经是一种标配，如果在某产品的营销方案中还没有加入裂变营销，那将是非常大的缺失。

在裂变营销中，活动策划者依然是把控全局的重要角色。如何让用户愿意分享，如何设计福利补贴及让裂变更有创意、更有吸引力，是活动策划者需要思考的内容。在裂变组合中，老用户拉新奖励如何设置，新用户注册奖励如何策划，在实现过程中怎样做才不会让用户反感，并实现可持续增长，源源不断地为企业带来利润，这些问题都需要活动策划者来解决。

2．会员系统

二八定律同样适用于商家的利润构成，也就是说，一个商家80%的利润来自20%的用户。所以除了裂变营销以外，会员系统就是牢牢抓住这20%的用户的有效手段。建立会员系统之后，可以让用户对商家产生更高的忠诚度，产生更多的持续性消费。会员的消费行为信息还会形成商家的数据库，让商家可以更有针对性地为他们设计出优惠促销活动，并且当会员对商家产生信任之后，还会主动将商家的新品、优惠活动等信息分享给身边的朋友，产生低成本的二次营销和口碑传播，所以建立会员系统的好处非常多。

会员系统是非常好的复购系统，其实严格来说，它属于私域流量，但是依旧离不开活动策划。

其实会员系统由来已久，在很早之前，商家就会给一些老用户让利并提供区别于普通用户的特权，后来这种活动发展成为今天的会员系统。但是现在由于互联网的介入，会员系统已经不是单纯的优惠让利手段，商家甚至设计出了一套如同游戏中打怪升级一般的规则，试图把用户牢牢地抓在手中。而这其中，消费活动、积分活动、会员升级活动、会员日等，都需要活动策划者进行策划、执行及复盘，挖掘出这部分用户更大的价值。

2.4 品牌塑造，提高品牌力

当企业品牌力强劲时，说明喜欢该品牌的用户非常多，这个品牌通常自带流量。而活动策划可以提高品牌力，通过和不同的 IP（Intellectual Property，知识产权）跨界合作推出联名产品，可以增强企业品牌给人的新鲜感和溢价能力。在持续打造"爆款"产品之后，品牌 IP 化，达到自传播和受人追捧的程度，就是活动策划者最好的成绩。

2.4.1 跨界营销

2017 年，品牌跨界营销就已经露出了苗头。

2018 年 6 月，RIO 鸡尾酒和六神花露水推出的联名产品"花露水风味鸡尾酒"刷爆微信朋友圈。在获得巨大讨论度和关注度的同时，这款联名产品的销量也被"引爆"，上线当天短短 17 秒内，5 000 瓶库存就被全部抢光。接着，在 2018 年"双十一"前夕，天猫中国日与 Opening Ceremony（潮牌名）合作开展的"天猫国潮厂牌店"跨界活动赚足了眼球，老干妈、云南白药、康师傅涵养泉、颐和园等老字号纷纷推出了联名的潮服，收获了巨大的关注度。之后品牌间的跨界联名产品层出不穷，而且很多案例叫好又叫座，如周黑鸭和御泥坊联名的小辣吻咬唇膏，上线当天即售罄；必胜客和气味图书馆联名的榴梿气味香水，上线 5 分钟全部卖完。由于联名产品的销量实在是好，所以市场上的联名款也越来越多。

在流量越来越宝贵，消费者对广告的防御心越来越强的今天，推出联名产品是"一加一大于二"的营销事件，具有低成本、高传播率的特点，可以提高消费者对产品和品牌的关注度，同时对提升品牌力非常有帮助。

1．低成本传播，触达不同圈层

每个品牌都有自己的受众人群和持续营销的投放媒介。除此之外，想要拉拢其他圈层的受众人群，会遇到两个难点。

（1）投放不精准。

（2）投放经验不足而导致内容引起受众人群反感。

所以容易出现花了很多投放费用都不见效的情况。但是如果跨界做联名活动，品牌不但不用担心高昂的渠道费用（因为双方都会提供传播渠道），还会吸引对方粉丝的注意力，增加其对自身的好感度。

王者荣耀和 M·A·C 合作推出了系列口红，5 个女英雄对应 5 种口红颜色。王者荣耀的流量让 M·A·C 一时间在游戏圈获得了超高的关注度，同时这款联名口红也让王者荣耀的品牌有了承接的实体产品。在这个案例中，双方都因为对方的资源而获得了更好的曝光度和口碑，实现双赢。特别是对于 M·A·C 来说，只是出了口红的研发和产品费用，就能获得游戏圈如此大的关注量，这是非常划算的。

2. 增加品牌的新鲜感

对于很多品牌来说，如果产品属于固定的品类，又已经大众化，其实会陷入较难让消费者对品牌保持新鲜感的境地。如面膜、眼镜、手表、衣服、饮料等快消产品，品牌除了按照节日热点开展一些营销活动以外，就只是换代言人和广告大片，但日复一日、年复一年，消费者也会对品牌失去新鲜感。品牌需要为自身不断注入新鲜感来刺激消费者的感知，让消费者再次注意到原有品牌，重新激发消费者的好奇心。品牌的联名产品就可以达到这个效果。两个反差越大的品牌，越能产生让消费者意想不到的创意，从而让品牌再次焕发生机。如旺旺和塔卡沙的联名衣服，可以说非常成功地改变了大家对旺旺的固有印象，从只有过节才会想起的旺旺大礼包，变成了原来旺旺也可以是很潮的大品牌。同时，这次联名活动也让塔卡沙这个之前略为小众的服装品牌，进入了大众的视野。

3. 提高品牌的溢价能力

跨界联名还会提高品牌的溢价能力，很多联名款甚至会被炒到一个很高的价格。

Supreme（美国服饰品牌）和 LV（LOUIS VUITTON，路易威登）的联名水洗牛仔夹克，发售价为 2 185 美元，约合人民币 14 500 元，被炒到了 36 000 元左右。而可口可乐、匡威和 Kith 推出的联名球鞋，被炒到了 5 000~10 000 元，而其中"family&friend"系列的灰色球鞋的价格已经高达 20 000 元以上了。多次联名活动有时甚至可以扭转品牌形象，如李宁更名为中国李宁后，靠多次联名活动，和人民日报、红旗轿车、迪士尼、可口可乐等品牌打造一系列联名款，成功扭转形象。2019 年年底，李宁的市值超过 500 亿港币。

跨界联名款的溢价能力较高，主要有以下两个原因。

（1）联名款大多数为限量款。稀缺性造成了价格的上升，许多商家只在某一季推出联名款，之后不会再推出，所以喜欢联名款的消费者愿意花更多的价钱购买。

（2）联名 IP 赋予了产品更高的价值。通常商家在与认知度较高的知名 IP 合作时，为了和普通产品进行区分，会将联名产品的价格上调 10%~20%，这是因为 IP 带来的创新审美或者消费者对 IP 的偏爱，会满足消费者对产品的精神需求，所以商家会将价格提高。正如前面提到的案例，哪怕产品的价格上升到原来普通产品的 200%，消费者依然愿意"贡献"自己的钱包。

所以，跨界联名是目前最有效的营销方法，不仅可以带来巨大的流量，还能增加产品和品牌的新鲜感；在提高品牌溢价能力的同时，更能将品牌形象提升一个等级。本书后面的章节将会详细介绍如何通过跨界联名打造"爆款"产品。

2.4.2　品牌 IP 化

1. 品牌 IP 化的思考

在做品牌跨界联名活动的时候,企业会对品牌 IP 化的重要程度感受更深。在此之前,企业可能会认为消费者对自身的喜爱,是因为对自身产品的喜爱,但是当开始做一些联名跨界活动的时候,企业会更明白品牌 logo 的含义有时是超过产品的。

消费者对品牌的喜爱程度是多少?

消费者愿意承受多少品牌溢价?

消费者愿意复购的次数?

是否认为品牌可以代表消费者所追求的某种精神特性?

品牌的产品是否是消费者表现自己的有力道具?

品牌文化是否能成为消费者的社交资源?

当品牌真正 IP 化之后,就意味着喜欢这个 logo 的人非常多,市场部甚至单靠品牌跨界联名收取 IP 费用,就可以给企业带来不菲的收入。市场部终于可以从外界眼中的成本部门,转化成收益部门。众所周知的企业品牌,其实大多都是成功 IP 的典范,如可口可乐、故宫、大白兔、旺旺等。喜爱他们的消费者非常多,一些消费者可能已经不买大白兔奶糖了,但是一听说大白兔出联名包了,还是会毫不犹豫地购买,这就是品牌 IP 化的魅力。

2. 品牌 IP 化的益处

(1)让品牌成为稳定的流量池。

IP 可"自带流量",会为企业源源不断地带来新流量,也能提高消费者的忠诚度和黏性。在线上、线下流量都稀缺且昂贵的今天,IP 对品牌有着重大意义。

(2)品牌 IP 化让企业产品的延展性非常强。

它可以扩充企业的 SKU(Stock Keeping Unit,存货单位),而不会让人觉得企业不务正业，反而会让其品牌备受追捧。

品牌IP化比较明显的一个商家就是喜茶。喜茶作为一个非常火的奶茶品牌，只要做好奶茶，保证口感，持续研发新的饮品品类，就已经足够。但是在喜茶的微信小程序"喜茶灵感铺"里，还有10多个跟饮品无关的SKU，如雨伞、手机壳、T恤、徽章、袜子等，也非常受欢迎。这些都是在品牌IP化后，企业扩充产品线所生产的产品依旧很受欢迎的证明。

（3）积累品牌势能，打破品牌边界。

品牌IP化以后，想和你合作的品牌和IP会越来越多。品牌没有IP化的时候，很可能你希望找一些知名的品牌做联名活动，但是别的品牌并不愿意合作；也有可能你希望和一些知名IP合作，却需要支付天价授权费。但是完成品牌IP化之后，可能情况会反过来，通常会有知名企业来找你合作推出联名产品，一些IP甚至会给你一个比较合适的价格，因为你的流量能给对方带来更大的曝光量和更多的好处。在这种情况下，持续的跨界联名活动，又会给你原本的品牌增加新的势能和新鲜感，从而形成一个正向循环。当品牌势能达到一定阶段，甚至别的品牌和你联名都需要付费时，这就说明品牌已经真正实现IP化，具有了更高的价值，这也是品牌力强大的体现。

（4）品牌IP化是商业模式的必然选择。

但是在一个注意力稀缺的时代，实现品牌IP化变得非常困难。

持续的联名活动打造"爆款"是实现品牌IP化的一条捷径，依靠联名产生的微妙化学反应，可以更容易地拉近品牌和消费者之间在感情上的距离。

一个好的活动策划者，其实是跟随着产品的整个生命周期来策划活动的。在新品推广的前期，需要通过活动策划吸引用户的注意力，获得第一批流量。在后期，则需要将流量转化为销量，之后还要将这批消费者保留在私域流量池之中，让他们形成裂变并产生二次消费。除此之外，活动策划还需要深入了解产品，寻找合适的跨界联名品牌和IP，打造令人眼前一亮的联名"爆款"。在持续的内容和产品输出后，最终将品牌打造成自带流量的IP，让IP帮助品牌打造稳定的流量池，形成品牌的流量闭环。

跨界让品牌成为硬通货

跨界联名活动的开展在最初会比较难，但是一旦开始持续开展跨界联名活动，品牌会渐渐成为硬通货。在这点上我有非常深刻的体会。

在我刚进入一家世界500强公司的时候，当时这家公司还从来没有做过跨界联名活动，主要的营销方式依旧是"硬广告+代言"的传统模式。但是由于我所在的部门预算很少，KPI又很高，公司的营销方向又主要是覆盖年轻人群体，所以当时我就列出了一个包含很多互联网公司的名单，打算覆盖他们的人群及杠杆流量。不然以手头的预算，根本无法完成预计投放。在最开始，由于从来没有做过跨界联名活动，所以公司在这一块相当于没有任何资源。于是我一个一个地去问好友，自己主动在网上查找，一有机会可以进入甲方的BD（Business Development，商务拓展）微信群，就立刻扫码进群，然后再从群成员中找出互联网公司BD人员的微信，挨个添加好友并询问他们有没有开展跨界联名活动的意向。

除了要找到愿意和我公司跨界联名、目标客群又与公司产品匹配的互联网公司以外，我还要自己做方案并面对来自公司内部的质疑。毕竟这是没有做过的项目，而且公司规模又那么大，所以公司对于风险的评估难免会更加谨慎。

终于，跟着每个月产品的推新节奏，陆陆续续有一些跨界联名的包装、主题店可以开始试水性地推出，在公司的自媒体平台上也开始同步推广。刚开始由于资源较少，合作项目的限制较多，所以活动并没有在消费者中引起强烈反响。但是在这个过程中，我认识的BD人员越来越多，我们的想法也越来越多，并且也渐渐有案例可以发给对方。我所在的部门开始和越来越大的公司合作，公司给的资源也开始慢慢变多。这时，活动无论是在设计水平上还是在规模上都有了较大的提升。

由于实施的案例不断增加，越来越多的互联网公司开始主动联系我，希

活动策划：
流量获取＋经典模型应用＋销售转化＋品牌塑造

望能与我们合作。而我主动联系寻求合作的公司，几乎没有一家拒绝。由于品牌的形象好，案例丰富且质量高，品牌渐渐成为公司的硬通货。只用品牌形象，就可以像杠杆一样撬动对方的流量资源，如 KOL 的投入。还有一些没有任何资源的小公司，甚至愿意付费与我们合作。

所以开展跨界联名活动的过程，也是积累品牌力的过程。从无人问津，到有人追捧，只要持续积累，就可以慢慢将品牌打造成硬通货，让其像杠杆一样撬动其他公司的资源。

第 2 篇

活动策划的经典
模型及结构化思维

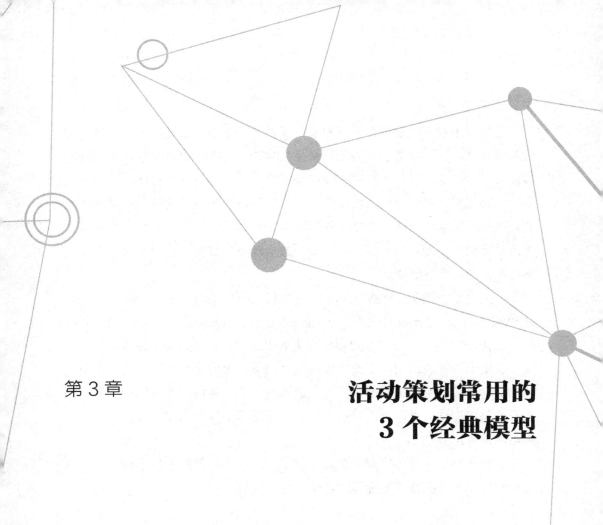

第 3 章

活动策划常用的
3 个经典模型

　　如果公司给你一项任务：根据新产品的营销方案，你需要策划一个活动，这个活动的目标是 1 个月内新产品达到 60% 的售出率，同时公司自媒体平台的粉丝量较活动之前有 20% 的提升。

　　你该如何厘清思路，写出活动策划方案，并完成目标呢？

活动模型能帮助我们从目标出发，反向推导出前期需要投入的资源、预算及曝光量。运用模型也是为了完成最后的转化目标，但是一场活动策划通常涉及很多层面，我们不仅要把控好每一个环节，还要保证实现最后的转化目标。活动模型可以帮助我们厘清思路，看清活动策划中的每一个环节，想清楚为什么要这样设计，明白在哪个环节应该做什么，以保证最后实现目标。在活动策划的不同阶段，面对各种不同的活动策划目标，选择合适的模型能够让我们的思路更清晰。

一些传统的模型，对整个活动策划，尤其是前期调研工作是非常有用的，如 SWOT 分析（Strength 优势、Weakness 弱势、opportunity 机会、Threat 威胁）、4P 理论等。但以下 3 种模型是笔者用过的且自认为是最好用的模型，几乎适用于所有的活动，无论是线上还是线下，无论是小型活动还是大型活动，我们都可以用这 3 种模型迅速厘清思路。这 3 种模型也是活动结束之后很好的复盘工具，可以帮助营销人分析到底是哪个环节出了问题，以及未来应如何避免。

所以我建议大家不仅要学会运用模型，最好还能养成模型思维，这样在策划的时候，就能迅速厘清思路并找到关键问题。

3.1 漏斗模型

漏斗模型可以算是营销活动中最古老、最基础的模型，其他很多模型都是漏斗模型的变体。漏斗模型的概念是在 1898 年由美国知名广告人埃尔莫·刘易斯（Elmo Lewis）提出的，最早叫作消费者购买漏斗（the purchase funnel），也叫消费购买模型。虽然它出现得很早，但是漏斗模型到现在也没有过时，反而被更加广泛地运用到营销活动的各个层面。

现在，如果一场营销活动不运用漏斗模型，那么这场活动会很容易失焦，也有很大概率无法实现转化。

漏斗模型的框架是什么呢？简单来说，漏斗模型的 5 个层级分别对应了营销活动的各个实施环节。从营销活动的开始到结束，从第一层级最大的曝光量到最后一个层级转化形成的最小的订单量，消费者在每一个层级都会因为种种原因不断地离开和放弃，这个过程中消费者流失的情形，就像一个漏斗一样，是逐渐变少的过程，被抽象为漏斗模型。如图 3.1 所示。

图 3.1　漏斗模型

漏斗模型可以对一个复杂活动的各个环节进行拆解和量化，是一个很好的思维工具。漏斗模型普遍运用在广告营销、搜索引擎优化（Search Engine Optimization，SEO）、电商流量、客户关系管理（Customer Relationship Management，CRM）系统等各个方面。如公司电商部门需要针对天猫"双十一"活动，开展一个旨在提高销售额的活动，这时我们就可以将 AIPL 模型放入漏斗模型中，使活动的思路和环节更清晰。

3.1.1　AIPL 模型

消费者对产品建立信任的过程，一般可分为 4 个阶段。

（1）认知阶段（Awareness）。消费者对产品或者品牌有比较基础的认知，他可能看到了产品的广告，或者在商场试用了该产品，这是产品第一次触达消费者。

（2）兴趣阶段（Interesting）。产品反复触达消费者之后，消费者对产品产生了兴趣，这个阶段有可能是消费者在主动关注产品的相关信息。

（3）购买阶段（Purchase）。第一次形成购买产品行为的消费者即处于这一阶段。

（4）忠诚阶段（Loyalty）。这一阶段体现在消费者对产品的忠诚度上，如消费者主动注册了会员，或者产生了复购行为。

AIPL 模型是相对简单的模型，将它放入漏斗模型之后，可以看到从 A 层级到 L 层级的消费者数量逐级减少。漏斗的开口是 A 层级，漏斗的收口是 L 层级，如图 3.2 所示。

图 3.2　AIPL 漏斗模型（1）

　　假设公司电商部将用户数量在"双十一"之前的日常数据按照 AIPL 模型进行拆分，拟定 A 层级到 I 层级的转化率为 50%，I 层级到 P 层级的转化率为 50%，P 层级到 L 层级的转化率为 20%（这是假设的数据，现实数据根据产品品类的不同会有非常大的出入）。我们将公司制定的"双十一"目标进行拆解，如公司的目标是"今年销售额翻一倍"，那么 PL 层级的用户总量也应该翻倍。若 PL 层级的用户总量定为 12 万人，我们按照转化率，将各层级的用户数量放入 AIPL 漏斗模型中，如图 3.3 所示。

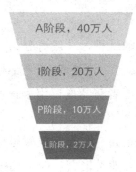

图 3.3　AIPL 漏斗模型（2）

从该漏斗模型中我们可以清晰地看到，A 层级的用户数量至少需要达到 40 万人，才能保证 PL 层级的用户数量实现 100% 增长，从而达到销售额翻倍的目标。将整个目标拆解之后，即可得到每一个层级的目标，再根据每个层级的目标，就可以在相应环节投入需要的资源。

（1）A层级，站内可通过参与淘宝系平台的活动来达到获取用户的目的，如参与"天猫男人节""时尚大牌日""聚划算节""双十一"预售等活动；站外可通过视频贴片广告、小红书博主"种草"、抖音博主"种草"和信息流广告等方式获取用户。

（2）由于I层级已经是二次以上的触达了，所以提升用户数量的主要手段就是在站内，如店铺直播、站内精准智能推荐（将产品信息推送给搜索或多次浏览后，产生加购、收藏等行为的用户）等。

（3）P层级提升用户数量的主要手段是"提供折扣信息"，如满减信息、预售信息等。

（4）L层级提升用户数量的手段是"用户积分换礼品"，如活动期间购买产品得双倍积分等。

最后，我们将以上根据模型的活动分层放入传播的时间节奏里，即可得到一张完整的营销方案表格。如此，一个简易的用户运营矩阵、全域用户运营实施路径设计方案的初步规划就形成了。之后，就可以根据要触达的用户数量，估算出要合作的平台及要投放的资源，再具体到找几个KOL、投放多少广告，这时要注意明确找哪个或哪些KOL、为什么找他或他们、投放的广告内容是什么、设计是什么、文案是什么等问题。每一步都要根据漏斗模型的主路径拆分得出，最后强化执行细节。如此，一个可落地的、完整的"双十一"营销活动策划方案就形成了。

以上就是运用漏斗模型厘清思路的一个案例。在这之中，有3个部分是非常重要的。

（1）能否精确定位漏斗模型的开口。可以说开口的定位是否精准，决定了接下来每一步的转化率能否达标，如果错误定位开口，那么后面的转化可能会很不理想，并将直接导致活动失败，最后目标无法完成。

（2）能否保证每一步的转化率。这与投放的内容密切相关，如果投放内容不能吸引用户，那么转化率可能会很低，就算开口够大、够精准，也会导致最后目标不能完成。

（3）转化链是否过长。如果转化链过长，漏斗层级数太多，而用户在每一层都会流失,那么到达最后收口的用户数量很可能依旧不达标,从而导致活动失败。

以上只是一个针对"双十一"、运用漏斗模型完成活动策划的案例,但是漏斗模型是一个用于检测执行流程的工具,并不能保证活动成功实现目标。所以在使用漏斗模型之前,在活动之初就需要将产品的定位及目标人群等分析清楚。策略分析也有非常多的模型,这里推荐两个递进模型。首先是 STP 理论模型,这个模型是在宏观层面上分析市场的,即市场细分(Segmentation)、目标市场(Targeting)和市场定位(Positioning),使用这个模型分析市场,可以对品牌在市场中的位置产生一个清晰的认知。基于这个认知,可以使用 4P 理论模型[即产品(Product)、价格(Price)、渠道(Place)、推广(Promotion)]分析战术。这两个最基础的商业分析模型,已经被大众所熟知,所以接下来就简单地介绍一下。

3.1.2 漏斗模型中的 STP 理论

STP 理论可以让人们首先对市场产生一个初步的认知。一方面现在的市场是一个多元化、多层次的消费需求集合体,在消费者的兴趣偏好、购买实力等多种因素的影响下,产生了许多子市场,也就是细分市场。另一方面,随着时代的发展,消费者会不断地产生新的需求,这些新的需求可能不是大众的需求,而是一部分人的需求,但也会因此产生更多的细分市场。一个企业不可能满足所有消费者的需求,所以企业可以选择在偌大的市场中,将一个细分市场作为目标,然后将产品定位于符合这个细分市场的消费者喜好。STP 理论主要包括 3 个要素,这 3 个要素可以很好地帮我们找到漏斗的开口在哪里。

1. 市场细分(Segmentation)

一般来说,市场细分需要以下几个条件。

(1)可衡量性。这是指目标市场的购买规模及消费者的购买力是可以量化的。

(2)可盈利性。这是指目标市场的规模可以让企业持续地赚取利润。

(3)可进入性。很多细分市场都有一定的进入门槛,这就需要企业衡量自身状况，看自己是否能达到进入门槛；还需要企业具有一定的优势，包括信息优势、产品优势及营销优势。

（4）差异性。在人们的意识层面上细分市场可以被区分，主要是因为对于投入市场的营销传播方案，不同的细分市场给予的反应有差异。

最初，市场细分是按照消费者某种共同的特征来划分群体的，如年龄、性别、居住地、收入等，但是互联网兴起之后，大数据的标签将人群划分得更细，企业可以从数据中分析出消费者的购买意愿、消费动机及消费态度，也可以根据更多的数据细分消费者的垂直领域。

2. 目标市场（Targeting）

细分市场里特定的消费群体，就是目标市场。企业可以通过营销活动，让自己提供的产品和服务满足目标市场的需要。

如服装企业会将女装根据女性的气质，分为不同的风格：可爱风格、文艺风格、偏男性的风格等。可爱风格的女性喜欢颜色粉嫩、有较多蕾丝花边元素的服装；文艺风格的女性喜欢饱和度较低的素色，并且偏好剪裁不修身的服装；偏男性风格的女性，可能喜欢颜色偏深、造型简单、偏中性的服装。设计师可以根据不同女性的穿衣风格设计不同种类的服装，而市场营销人员就会将不同气质的女性继续细分：比如，可爱风格的女性的年龄层可能较低，大多是学生，那么漏斗模型的开口可能多集中于与校园学生有关的渠道；文艺风格的女性的年龄层可能相对高一些，那么漏斗模型的开口可能更偏向于文艺圈的 KOL、博主等；而偏男性风格的女性，可能会追求比较酷的或者有个性的潮流内容，那么漏斗模型的开口可能主要集中在潮流渠道的方向。针对细分市场中目标人群的特点，制定不同的市场营销组合策略，从而吸引目标市场中的消费者，最终提高产品销量。

3. 市场定位（Positioning）

市场定位理论是最基础的营销理论，几乎所有学营销的人都知道这个理论，它是指企业针对消费者的心理层面进行营销，以达到品牌在消费者心目中占据独特地位并留下深刻印象的目的，从而取得竞争优势。

在细分市场和目标市场中，也会出现同类产品竞争的现象，所以市场定位理论是必要的、让品牌或产品实现差异化的理论。市场定位就是要通过强化或放大品牌或者产品某个符合目标市场需求的具有辨识度的特点，从而树立独一无二的品牌形象。为什么现在的产品如此讲究包装？广告的内容如此讲究创意？这是因为通过强化或者放大产品的某个特点，可以赢得消费者的认同，同时在消费者心中占据独特地位。当然，这只是市场定位理论的一部分，事实上，市场定位是一种受多种因素综合影响的反应，包括产品的性能、质量、包装、形状、颜色、结构等。并且市场定位并不是企业为了让自己的产品特殊化而创造差异化，而是建立在前面两个条件的基础之上的：一是完成对细分市场的分析，二是完成对目标市场的分析。最终从消费者的角度出发，通过文字、图像或视频，达到实现品牌差异化的目的。

对于活动策划来说，细分市场是基本信息，可以让活动策划者知道目标消费者在哪儿；目标市场是基于细分市场的更明确的范围，需要收集目标客群的更多信息及他们活跃的渠道；而市场定位是为了确保活动策划者发布的内容，在符合目标客群的特征及品牌调性的同时，与其他品牌发布的内容有差异，并且有洞察力、有创意，能让目标客群认同。

3.1.3　经典的 4P 理论

虽然商业社会变化得非常快，但是基础的理论框架仍旧非常有用，到现在，4P 理论仍然是一个行之有效的营销战略分析方法。4P 理论最早是杰尔姆·麦卡锡（Jerome McCarthy）教授在他于 1960 年出版的《营销学》一书中提出的，主要是指产品（Product）、价格（Price）、渠道（Place）、促销（Promotion），如图 3.4 所示。

图 3.4　4P 理论

1. 产品

产品是一切的基础。很多从事营销工作的人都容易忽视产品，因为几乎所有公司的营销部门的人员，都不参与产品设计和生产过程，只是在产品成型以后，基于其制定营销方案。这就导致营销人很容易忽视产品，认为产品与自己无关。但其实很多品牌理念的表达，需要产品承接，因为消费者最后拿到的是产品，真正与消费者直接接触的也是产品。当产品好的时候，不需要太费力，就可以将营销做得风生水起；但是当产品不好，营销却做得非常好的时候，就很容易遭到口碑的反噬，营销将转变为一场公关危机。所以产品是特别重要的。

2. 价格

定价是一种战略，也是一种工具。

价格可以提升产品在市场上的竞争力，也可以说是品牌的一部分。低价有可能提升竞争力，但也有可能影响品牌形象；高价会提高消费者的进入门槛，但也有可能对品牌形象有益。

定价的工具性质体现在围绕价格变动的手段上，企业可以利用价格获取更多利润。

 举例

汉堡王的优惠券，拼多多的两人拼团、三人拼团的模式、预存会员卡等，都是将价格的变动变成了营销手段。每周汉堡王都有一个单品有优惠活动，这个单品通常是小吃、饮料之类的成本低、利润高、购买频率高的产品，购买优惠券的人愿意花费更多的时间成本来省钱，这增加了用户到店频次，扩大了消费人群。而拼多多的拼团模式其实是一种平台补贴用户的拉新裂变活动，这种低价成团产生的补贴费用，其实相当于营销费用。而预存会员卡的形式，更能有效增加用户购买频次并提升用户忠实度。在这种情况下，营销人员可以利用价格获取更多利润，让价格成为营销工具。

3. 渠道

产品和渠道是共生的关系，双方对彼此的依赖性很强。在原有概念里，可能是先有产品，商家再去找合适的渠道，但其实在现实中往往是商家发现了渠道有红利，于是有了适应渠道的产品，甚至在很多时候，产品会因不能适应新渠道而被淘汰。比如，一家服装店曾经的售卖渠道是商场，当电商时代来临的时候，淘宝早期有着巨大的红利，这时如果服装店同步开通淘宝店，那么在早期基本不用推广费就可以抓住此次渠道改变的商机。但是淘宝有淘宝的规则，接下来商家为了适应淘宝的规则，可能会开发更适应电商的服装款型和定价，这时产品开始适应渠道。而坚持不做电商的店铺，可能就会陷入生意越来越惨淡的困境，这说明产品不适应新的渠道就有可能面临被淘汰的危险。除此之外，渠道变化还会催生新的产品并带来新的用户，如美团外卖。外卖的兴起让餐饮业的进入门槛进一步降低，原本需要在人流量大的商圈开设的餐厅，现在可以在写字楼或者居民区附近开设。餐厅的门面不用太大，纯靠线上的流量就可能获取比以往多得多的收益，而为了让点外卖的用户的消费体验更好，餐厅会专门为外卖业务设计食物、包装，让食物在配送途中可以保持口味及外观不变。比如，密封包装让食物不会撒漏，从而方便外卖员的配送；赠送一些具有品牌特色的小卡片、优惠券等。这就是为新渠道研发的产品，还有一些大型连锁餐厅，也会为外卖业务研发新产品，从而获得了新的消费群体。所以渠道和产品相互影响的程度很深，甚至在某些时候，渠道比产品的作用还大，会直接影响产品的研发与设计，也会带来新的用户和需求。

4. 促销

Promotion 的原意是打折促销，但现在更多地指品牌传播、市场营销和公关的部分。在品牌传播方面注重品牌 logo（徽标或商标）、品牌视觉识别（Visual Identity，VI）、品牌的文化价值、品牌历史、和消费者沟通的手段、传播渠道、传播事件、品牌口碑等。活动策划在营销推广活动中扮演着重要的角色，在确定了基调以后，品牌需要面对两个问题：一是如何让消费者认识品牌，二是怎样解决消费者与品牌或产品之间的信息不对等问题。在很多时候，之所以品牌的推广活动是"自嗨"，就是因为以上两个问题没有得到

活动策划：
流量获取＋经典模型应用＋销售转化＋品牌塑造

解决。在什么渠道做策划，在社交媒体平台投放还是线下投放，投放的内容是什么，这些都是品牌推广中活动策划者必须面对的问题。而在这个过程中活动策划者更需要掌控整个营销链，需要知道什么渠道目前还有流量红利，投放什么内容转化率更高，在和哪些消费者沟通，可以与哪些品牌合作开展活动。所以当确定了产品、价格和渠道之后，对于最后的这个"P"，活动策划者就可以用本章介绍的漏斗模型来估算，开启一轮又一轮的传播活动。

强大的新渠道带来新需求和新用户的现象是有可能出现的。4P理论中的4个要素是相辅相成、相互影响的，而不是彼此孤立的。

用4P理论简单地分析商业行为之后，活动策划者对公司的产品、价格和渠道，都会有一个更清晰的认知，也更明白在这个商业活动里，自己应该为公司解决什么问题，从而针对具体的活动提出建设性的意见。甚至还可以反推产品的生产，比如，活动策划者通过活动测试发现了一个新的具有巨大红利的渠道，这个渠道很能"带货"，那么活动策划者就可以给公司提供评估结果，说明是否值得为这个渠道设计新产品。

眼镜公司运用活动策划模型达到天猫"双十一"眼镜类目销量第二

在2019年天猫"双十一"活动开始之前，我当时就职的眼镜公司运用4P理论和AIPL模型开展了一系列"双十一"营销活动，并最终取得了眼镜类目销量第二的好成绩。通常天猫"双十一"活动期间是每家公司电商部全年最忙的时候，而2019年的天猫"双十一"购物节，更是我所在的公司比往年都更有压力的一天，主要有以下两个原因。

（1）公司在2018年"双十一"期间销量很不好，类目前十都没有达到。对于一家大型的眼镜公司来说，这是非常糟糕的成绩，所以在2019年，大家都想打一个翻身仗。

（2）公司2019年的年度目标当时的进展还不是很理想，所以"双十一"这天的销量，决定了公司能否完成全年的KPI。

正因如此，这一天变得异常重要，整个电商部倍感压力。所以电商部提前3个月，就开始先用4P理论对现有产品进行整体分析，再用AIPL模型规划整个营销路径。

1. 产品和价格

产品和价格一定是4P理论中最重要的部分。商业的核心就是产品和价格，产品决定受众，价格决定受众获得产品的门槛。所以首先要将产品分类，确定此次促销活动的主推产品。于是我们去后台数据端查看销量数据，发现销量前几名的眼镜款式全部都是百搭的经典款，造型稍微有一点夸张或者装饰性较强的眼镜，销量都比较靠后。之后我们统计了一下销量排名靠前的眼镜的价格，发现其价格基本上都在499~599元这个价格区间。799元以上的高端眼镜和399元以下的眼镜，都不在榜单前列。非常明显，应选择基础百搭的经典款产品作为主推产品，价格应定在499~599元。确定产品和价格之后，就该确定4P理论的另外两个部分了：渠道和促销。

2. 渠道

天猫的销售渠道已经很明显了，自然是站内。但是2019年直播兴起，于是站内也有了新的渠道，那就是"带货"直播。"带货"主播的直播成为一个新的渠道，因为直播的转化非常直接，在主播推荐的时候，用户就可以直接购买商品，所以"带货"效果很快显现。由于用户不需要再去店铺购买，直接点击直播页面上的产品链接即可购买，所以直播可以算作销售渠道，也是冲销量的方式。但是如果想和优秀的"带货"主播合作，除了准备好产品以外，还需要给出全网最低价，所以这就涉及4P理论的最后一个要素——促销。

3. 促销

在计算出投资回报率之后，我们最终决定签1个头部主播、4个腰部主播，给出主推款眼镜5折的折扣。不过非常遗憾的是，最终我们没能在"双十一"的前一天与头部主播达成合作，所以直播的效果没有达到期望，不然"双

活动策划：
流量获取＋经典模型应用＋销售转化＋品牌塑造

十一"当天的类目销量达到第一的可能性会非常大。

根据4P理论完成分析之后，就要开始引流。这时电商部运用AIPL模型，制作出了一张非常详细的表，如图3.5所示。（注：表里的数字做过处理，只是示意。）

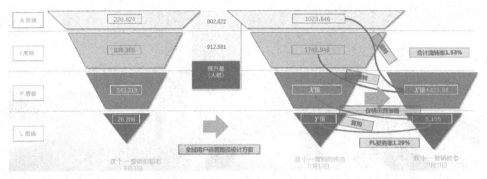

图3.5 用户运营AIPL全路径目标拆解

图3.5就是将AIPL模型放入漏斗模型的标准案例，并且每一个漏斗都被放入了对应的时间节点。从图中可以清晰地看到，最终购买人数达到了4万以上，其中5 000多人转化为忠诚用户。而漏斗模型中，最重要的就是漏斗的开口有多大及在哪里。所以针对AI层级用户，需要专门制订覆盖策略并进行时间安排，如图3.6所示。

图3.6 全领域AI层级用户模型

从图3.6中可看出，我们从活动、直播、公域流量、私域流量、付费推广5个方面，扩大AI层级用户的范围，在预算允许的情况下将漏斗的开口做到最大。

最终，我们用了整整两个月预热。按照模型，我们从 9 月开始进行全站的覆盖，一直到"双十一"那天的大爆发和"双十一"之后的延续、收尾。最终，公司 2019 年"双十一"前 2 小时内的销售额，就超过了 2018 年"双十一"的总销售额，并在"双十一"中午 12 点之前完成了"双十一"目标，最终取得了超额完成 50% 的成绩。

3.2　AARRR 模型

AARRR 模型是一个经典的漏斗模型，常用于互联网的用户运营。这个模型将用户生命周期分为 5 个阶段，最终达到获取用户商业价值的目的。

对于营销人来说，这个模型非常有用。本节将重点介绍 AARRR 模型在互联网营销中的应用。

以下是 AARRR 模型中用户生命周期的 5 个阶段。

（1）获取用户（Acquisition）：如何获取第一批用户？

（2）激活用户（Activation）：用户从不同的渠道进入 App，如何让他们变成活跃用户？

（3）用户留存（Retention）：也叫用户黏性，是指用户在第一次结束使用 App 后，是否会再次使用 App。

（4）获取收入（Revenue）：商业活动中最重要的一环，即如何通过 App 获得收益。

（5）自传播（Refer）：用户是否愿意将 App 推荐给朋友。

AARRR 模型展示如图 3.7 所示。

这 5 个阶段形成了一个闭环，但在每一个阶段用户都有可能流失。

AARRR 模型中有两个核心点。

（1）以完整的用户生命周期为基础，为各个阶段策划具有针对性的营销活动。

（2）运营和产品需要保证用户生命周期价值（Life

图 3.7　AARRR 模型展示

Time Value）远大于用户获取成本（Customer Acquisition Cost）与用户经营成本（Customer Operation Cost）之和，才能保证产品获得成功。

3.2.1　获取用户（Acquisition）

获取用户是 AARRR 模型中的第一个阶段也是最重要的一个阶段。如果一个产品在推广过程中没有获取用户，那么后面的几步也就无法完成，更谈不上商业价值的变现。在产品推广过程中，运营人员可以通过各种渠道获取目标用户，由于互联网的产品数据都很容易获取和监控，所以对各种渠道的效果评估会更加准确。运营人员需要收集各种渠道的推广数据并对其进行评估和策划调整，使用户获取成本最小化。在这一阶段，主要从两个方向优化，一个是产品方向的优化，另一个是运营方向的优化。

1. 产品方向的优化

产品方向的优化主要是指降低用户的使用门槛。互联网 App 发展到现在，登录注册方式已经简化过了，现在几乎所有 App 的账号注册都只需要用手机号或者第三方账号直接登录，除了创建名称和上传头像以外，一般不需要填更多的信息，这样做就是为了简化注册流程，减少用户的流失。进入 App 后，产品的介绍和操作指引也做得越来越有趣，越来越自然，产品经理会不断地优化这两者来消除用户进入 App 后不会操作的烦躁情绪，并且提升用户第一次使用 App 的体验。

2. 运营方向的优化

在这一阶段，运营人员一般会以日为单位，对 App 的日下载量、日登录用户数量、日注册用户数量进行统计，但最需要注意的指标为新增用户数。新增用户就是首次启动进入 App 或者首次登录的用户。这批用户在产品的不同阶段，表现出来的特性是不同的。获取用户的活动一般会随着产品生命周期的发展而变化。产品的生命周期有 4 个阶段：冷启动期、增长期、稳定期和衰退期。

（1）冷启动期。

在这个阶段，产品的知名度为无，用户数量为0，我们需要快速测试，不断更新产品，以提供更好的用户体验。此时的新用户最看重的是质量，我们需要让他们愿意深入体验产品，并且愿意提出自己的意见，参与到产品的更新过程中。所以在这个时期内，我们可以根据前面介绍的模型，确定目标用户和投放策略，吸引高质量的核心用户。活动策划者在这个阶段可以根据平台的特性，通过一些垂直领域、专业社群，用补贴吸引第一批种子用户。

（2）增长期。

有了一定的用户基础之后，产品顺利度过冷启动期，开始进入增长期。这时可以扩大目标用户群体，也可以增加产品的投放渠道，还可以通过一些营销事件、大众熟知的 KOL 和与其他产品之间的互推等方式，进行更多的渠道尝试，将漏斗的开口继续扩大。这时，活动策划者的关注点可能更多地在热点事件营销上。

（3）稳定期。

产品进入稳定期，用户的规模及群体已经相对固定，就像如今的大部分 App 一样，已经很难再获得大量的流量。这时需要开发新的市场，引入新的流量，如新年龄层的用户聚集的市场或者海外市场等。

（4）衰退期。

每个产品都有自己的生命周期，在衰退期时，用户会不断流失，用户数量持续降低，用户流失率远远高于用户获取率。这时，产品部门会通过为产品开发更多新的功能、升级版本来刺激用户回归，而运营人员通常会使用发放优惠券、推送共同关系网等方式将用户召回。

在获取用户阶段中，最重要的就是在产品的冷启动期和增长期大量获客。此时最重要的是在产品方面降低用户进入门槛，运营人员则要通过分析产品的目标用户和目标市场，制订出拉新策略并查看核心数据指标。

一般来说，需要重点观测的数据为日注册量和日下载量。在持续的投放过程中，可以计算出日注册量的平均数，以平均数为基准，分析新来的用户是从哪些渠道来的，从而不断优化投放渠道，使得推广拉新数量呈现持续走高的趋势。

3.2.2 激活用户（Activation）

当我们好不容易通过各种推广渠道获取用户之后，就进入第二阶段——激活用户。用户来到平台之后，如果没有被顺利激活，就会流失，那么之前的努力就白费了。所以这一阶段非常重要，要激活用户并留住用户。新用户注册之后，可能会成为活跃用户，也可能会成为僵尸用户。那么用户如何才算是已经被激活了呢？因为产品不同，所以没有一个统一的标准，但是一般会参考用户使用产品核心功能的情况。

1. 产品的核心功能

用户进入内容平台之后，是否浏览了内容并将平台的功能都使用了一遍是一种判定依据。比如，小红书用户被激活的判定依据是：用户进入平台之后，首页浏览时间是否超过了一定的时长，是否点赞了某篇笔记，是否收藏和关注了喜欢的博主，是否点开了商城链接，是否自己也发了笔记。而社交媒体平台一般会看用户是否将通信录导入，是否通过平台和朋友在线聊天等。

在这一阶段，一定要找到自己产品的核心模块，同时配合运营活动，提供真正吸引用户的产品和场景，才能达到激活用户的目的。激活用户通常不是单一因素作用的结果，而是多种因素共同作用的结果。通常情况下，平台是否能捕捉到用户信息或者数据，并通过算法将用户感兴趣的内容和信息精准地推送给目标用户是很重要的。

2. 促销

活动策划旨在将一些促销活动、优惠信息和用户需要的其他信息推给用户。在这个过程中要注意提高用户的舒适感，降低用户的不适感。如趣头条在迅速发展的过程中，除了将不同的新闻根据算法精准地推荐给对其感兴趣的用户之外，还会给阅读新闻的用户金钱奖励，而且点赞、收藏、转发的用户也可以获得奖励。在这种运营活动中，用户在金钱奖励的驱动下，保持了一定的在线时长，并且完成了一系列激活操作。同样地，电商平台在新用户刚进入时，不仅会根据大数据给用户推荐其正想购买的商品，还会给用户一张折扣力度很大的礼品券。如衣二三这个租赁衣服的 App，首次下载的用户打开 App 后，首页会弹出首单优惠 299 元的信息界面，其实这就是用降低用户进入门槛的方法来促成第一次交易的实例。

结合产品的特点，运营人员需要设计一些方案来激活用户，让用户使用平台的核心功能，将用户逐个激活。所以运营活动策划需要关注以下 3 点。

（1）用户使用时长。

通常，用户黏性和用户使用时长是正相关的。如微信的平均使用时间长达 4 小时，抖音的平均使用时长为 1 小时，这些数据说明这两个平台的用户黏性非常高。抖音在快速发展的那段时间内，甚至还推出了防沉迷的功能，可见用户对抖音的喜爱。如果用户使用时长过短，运营人员需要了解其中的原因。

（2）用户激活率。

用户激活率就是使用核心功能的用户与用户总量的比例。内容平台的用户有没有上传自己的内容？工具平台的用户有没有用它来制作什么？具体要按照实际情况制订不同模块的权重，然后计算出用户的激活率及流失率。

（3）日活跃用户量与月活跃用户量的比例。

日活跃用户量（Daily Active User，DAU）与月活跃用户量（Monthly Active User，MAU）的比例可以看出有多少日活跃用户转化为月活跃用户。比例越高，则说明用户黏性越强，激活效果越好。

第一步获取完成之后，接下来的重点就是留住这部分用户。AARRR 模型的第二个阶段——激活用户是非常重要的一个阶段，如果这个阶段没有做好，那么前面投入的大量费用很可能付之东流，也无法实现后面的商业变现。所以在这一阶段，活动策划一定要根据产品的核心特点，制订完善的激活用户的策略。

3.2.3　用户留存（Retention）

在解决了激活用户的问题之后，运营人员会发现还是有一部分用户流失了。很多用户在使用了平台的核心功能之后，还是离开了，这时就要解决第三个问题——用户留存，也叫用户黏性。要想解决用户留存问题，首先要评估留存率。留存率是衡量用户黏性和用户质量的重要指标，也是判断一个产品是否是好产品的重要指标。

1. 怎样计算留存率

首先记录一定时期内的新增用户数，再记录一段时间以后剩下的用户数，最后用剩下的用户数除以新增用户数，即可得到留存率。如一个 App 第一天的新增用户数是 100 人，一周以后这部分用户只剩下了 50 人，那么留存率为 50%。通常情况下，留存率可以分为 3 种。

次日留存率（Day 1 Retention Ratio）
3 日留存率（Day 3 Retention Ratio）
7 日留存率（Day 7 Retention Ratio）

特别要注意的是，在计算留存率时，当天剩下的用户数是不记录的，运营人员一定会看次日留存率，因为通过它可以立刻知道哪里做得不够好。因为一周分为工作日和周末，所以运营人员可以通过周留存率很好地看出一个周期的留存率并发现规律。是否需要计算 3 日留存率可以根据具体的产品来决定，如果实际情况需要也可以计算月留存率。此时根据留存率的变化，运营人员可以分析出投放渠道是否正确，产品是否有巨大的市场前景。而与此同时，也会产生一个与留存率相对应的概念——流失率。为什么有些用户留下来了？为什么有些用户离开了？这到底是产品的问题，还是运营的问题，抑或是市场份额的问题？

2. 怎样计算流失率

流失率 =1- 留存率。

与留存率相似，流失率可分为日流失率、周流失率、月流失率等。流失率也需要根据产品的实际情况进行计算，如用户多久不登录算流失，在接收到产品消息推送之后用户也不重回平台是否算流失等。比如一款游戏可能将一周没有登录的用户算作流失用户，但是电商平台可能将一个月没有登录的用户算作流失用户。活跃用户生命周期的发展、推广渠道的变化及运营活动的力度都会影响流失率。在产品的稳定期，获取的用户数量减少，所以流失率的多少就会成为一个更受关注的问题。如果流失率越来越高，则会导致后面的商业收费受到很大的影响，进而波及公司的业绩。所以用户为什么会流失这个问题，在产品的稳定期是运营人员需要特别关注的。

3.2.4　获取收入（Revenue）

接下来将介绍 AARRR 模型中的核心部分：获取收入。任何商业行为的最终目的都是盈利。App 的收入来源主要有 3 种：广告收入、流量变现、核心功能付费。还有一种收入来源是 App 本身需付费使用，但付费 App 在国内较少，国内大部分 App 都是免费的，所以其盈利的主要途径还是集中在 App 内部。盈利模式不同的 App 有不同的数据需要观测，当然，观测时间也会有所不同。下面将介绍大部分 App 需要观测的几个核心数据。

1. 付费率

付费率是指付费用户数与活跃用户数的比例。通常付费率是以日为单位计算的，也就是日付费率（Daily Payment Ratio）。因为时间越长，影响付费率的因素就越多，就更难分析，所以最好以日为单位。当然，还有一些 App 是以小时为单位计算付费率的，具体以多长时间为单位计算付费率，应根据 App 的盈利模式决定。

付费率主要用来检测产品的收益转化能力、用户付费的关键点及转化周期，最终完成对付费转化的效果评估，如留存用户通常在多长时间内会付费，付费功能的转化率是否很高。大部分视频网站就是通过给付费会员提供更多的服务，如去广告、提前收看更新的剧集、免费看需要付费的电影等，来提高付费会员的转化率的。当然，平台也可以和其他平台联动，如某一视频网站的付费会员同时享有滴滴出行的 8 折打车优惠券或者大众点评的美食折扣券，这就是与其他流量平台互动以提高平台用户付费率的措施。

2. 活跃付费用户数

活跃付费用户数（Active Payment Account，APA）是指在一定时间内成功付费的用户数。月活跃用户量（MAU）乘以月付费率（Monthly Payment Ratio，MPR），即可得到活跃付费用户数。

活动策划：
流量获取 + 经典模型应用 + 销售转化 + 品牌塑造

公式为：APA=MAU × MPR

活跃付费用户数可以让活动策划者对产品的付费用户规模有一个清楚的认知。活动策划者可以将活跃付费用户分成不同的等级，然后以每层用户的比例来评估平台的收益能力，还可以对付费群体整体的稳定性进行分析。

3. 每用户平均收入

每用户平均收入（Average Revenue Per User，ARPU）就是平台的总收入除以活跃用户数所得到的结果。平台的总收入可能来自很多方面，如用户付费、广告收入及其他方式。总收入除以活跃用户数（包括没有付费的用户）所得到的每用户平均收入可以用来衡量平台的盈利能力及活跃用户人均收入与投放成本之间的关系。

比如，投入了100元吸引了100个活跃用户，其中有2个用户花了100元开通付费功能，在此期间，平台获得了100元的广告收入，那么每用户平均收入的计算公式就是：（100+100）÷100=2。相较于投入的成本，每个用户都为平台带来了1元的收入，所以平台是盈利的。

4. 生命周期价值

生命周期价值（Life Time Value，LTV）是指用户在生命周期内为平台创造的收入的总和，可以看成是长期累积的每用户平均收入。用户的生命周期价值的计算公式为：LTV=ARPU×LT。其中，LT 为 Life Time（生命周期）的缩写，即一个用户从第一次登录 App，到最后一次登录的时间。

对于某款游戏来说，用户在连续5个月登录之后的1个月内再也没有登录过，我们可以判定为这个用户的生命周期为5个月，5个月后这个用户就流失了。当然，在实际情况中，每个用户的生命周期不一样，有的用户4个月离开，有的用户6个月离开，平台在计算用户的生命周期时会取平均值。

所以用户的生命周期价值是这样计算的：如一款游戏的每用户平均收入（ARPU）为5元，而用户的生命周期（LT）为10个月，那么用户的生命周期价值为 5×10=50（元）。

当然，用户的生命周期价值也可以以周或者月为单位进行计算，在跟踪某一批新用户的时候，可能每周或者每月都需要计算这批新用户对累计收入的贡献量。计算出这批新用户在不同生命阶段的生命周期价值，可以让数据更为详细。用户的生命周期价值主要用于验证 App 最终能否盈利，用每用户平均收入也可以验证这一点，而且不需要区分付费用户和非付费用户。因为对于互联网来说，非付费用户带来的流量也是一种价值，而且一个 App 不可能只吸引付费用户，也会吸引非付费用户。所以最终还是要根据 App 的具体盈利模式，优化付费结构，以达到让用户的生命周期更长、让用户持续付费的目的。

3.2.5　自传播（Refer）

自传播是指用户自发进行的传播，这种传播方式也叫作口碑传播或者裂变。

随着社交媒体的兴起，自传播已经成为平台获取用户的重要途径。由于这种传播方式成本低、效果好，几乎所有运营人员都会考虑自传播的营销方式。那么如何量化评估效果呢？我们需要知道 K 因子的衡量标准，其计算公式为：

K＝（平均每个用户向他的好友发出的邀请的数量）×（接收到邀请的好友成为新用户的转化率）。

如果平均每个用户会给 10 个好友发出邀请，而接收到邀请的好友成为新用户的转化率为 20%，那么 K=10×20%=2。也就是说平均每个用户可以带来 2 个新增用户。这就是非常好的效果，不需要太多的营销活动，用户群也会越来越大，从而实现自增长。如果 K<1，再加上用户的自然流失，用户群则不会自增长。有很多做得很好的自传播例子，如拼多多用超低价拼团的方式进行营销，几乎就是靠自传播形成了一定的用户规模，之后再在各大平台开

活动策划：
流量获取 + 经典模型应用 + 销售转化 + 品牌塑造

始大规模投入预算进行营销，扩大用户群。所以在产品设计之初，运营人员就可以在活动策划中设计自传播的营销方式，但是也不能完全依靠自传播，而是要将它和外部的投放结合起来并掌握好节奏。

以上内容介绍了在 AARRR 模型的实际应用中需要关注的一些关键性指标，以及依照这些指标运营人员可以做什么。还需要注意的是，运营人员应依据数据不断调整活动策划的思路及方向。

餐饮企业的会员运营运用 AARRR 模型

现在几乎每家规模较大的企业都会建立会员系统。而在传统企业中，线上会员的用户运营是最贴近互联网 AARRR 模型的。接下来我将和大家分享一个我在餐饮企业中运用 AARRR 模型开展会员活动的案例。

会员的用户运营目标主要有两个：吸纳更多的会员；将会员留下来以实现持续的重复购买。

和所有的漏斗模型一样，要想实现这两个目标，首先要知道漏斗的开口在哪里。对于连锁餐厅来说，获客场景自然是在餐厅内部。

（1）第一阶段——获取用户。

我们当时用利润率较高、成本较低的 3 类产品对消费者进行测试：用户进餐厅点餐，只要成为会员，就可以得到餐厅赠送的一杯果汁、一只鸡翅或者一块蛋糕。在 1 个月内，我们分别将 3 种产品作为赠品进行测试，结果发现鸡翅是用户最喜欢的赠品。在赠送鸡翅的那一周里，会员数量猛增了 1 万，这个会员新增数是平常会员新增数的 5 倍。至此，第一个目标初步完成。但这只是 AARRR 模型中的第一个阶段——获取用户，如果要达到第二个目标，就需要进入第二个阶段——激活用户。

（2）第二阶段——激活用户。

如果用户通过赠送鸡翅的活动注册成为会员，却不进行二次消费及使用会员特权，那么这些用户是没有太多价值的，这就意味着前期投入被浪费了。所以当用户在注册成为会员之后，我们会立刻赠送他们一个价值200元的大礼包，这份大礼包中包含5张有门槛的优惠券，当会员第二次来餐厅消费，且满一定金额时，就可以使用优惠券。这是一种常见的餐厅提高客单价的做法。比如，用户原本只想点一份58元的意面，但是他有一张满70元减5元的优惠券，此时用户可能会再点一杯20元的饮品，从而获得优惠。用户成为会员时，我们会一次性送他5张优惠券，他们为了在点餐时获得优惠，就会再次光顾餐厅。通过这种方法，我们就达到了增加回头客及提高客单价的双重目的。用户愿意再次来餐厅用餐并使用优惠券，说明这位新会员被激活了，成为留存会员。会员也分为两种：沉默会员和留存会员。

①沉默会员的激活。

用户在注册成为会员之后，再也没有使用过会员功能，这种用户就是沉默会员。

用户来餐厅的频率一般是每月2次，对于一个月一次都没有使用会员功能的用户，我们就会认为他们变成了沉默会员。这时我们会定向给这部分用户推送优惠券，希望能让他们再次光顾餐厅。

②留存会员的变现。

会员变现的方式有很多种，最直接的就是让会员购买餐厅的产品，也就是来餐厅用餐，这也是最好的变现方式。其次是让会员购买会员产品，如价值100元的充值卡、礼品卡等。此外，还有一种方式是让会员购买周边产品，如星巴克的杯子。

当时我们也希望会员能有更多的变现形式，于是我们采取了积分兑换周边产品的方法。会员每次来餐厅用餐的消费额都可以转化为会员积分，同时我们给餐厅的很多小吃、饮料或者新品都标上了对应的积分值，会员可以用积分兑换它们，这样既提高了复购率，也可以让会员愿意持续地使用会员权益。

在节假日，我们也推出了更多的餐厅周边小礼物，只要是会员，都可以用积分兑换。由于餐厅的周边礼物都是节日限量款，所以每次都受到会员的热烈欢迎。

（3）第三阶段——自传播

用户分享指的是用活动的方式鼓励会员将餐厅推荐给他人。分享其实比让会员来餐厅复购更难。因为当会员是一名活跃会员时，这意味着他是餐厅的常客。既然用户来我们餐厅吃饭是日常的行为，那么对该活跃会员来说，餐厅就没有可以分享的部分，所以必须创造出特殊性，才能让他有分享的欲望。于是对于忠诚度较高的会员，我们会邀请他参加餐厅举办的新品试吃会、内部品鉴会等活动，让他享有有别于其他普通用户的待遇。在每一个对于他来说有纪念意义的日子，如生日或者结婚纪念日，餐厅都会专门送上礼物，哪怕他那一天没有来餐厅吃饭，餐厅都会把礼物寄到他家里。每年年末，餐厅也会举办专门的会员答谢会。而我们每一次都会特意布置活动现场，并设置特别的主题。这样才能让会员感受到自己被用心对待，才会让他们在经历的时候愿意拍照并分享给他人。

而当会员分享出去以后，羡慕他或者也想享有这种待遇的朋友，会成为我们的新用户。由此形成 AARRR 模型的闭环。

在整个会员运营的过程中，获取新用户的手段和用于留存用户的优惠券需要不断测试并不断更新，因为用户的需求一直在变化。但是当开始运营忠诚用户和活跃用户时，只要用心对待，都会较之前容易得多。因为他们本身对餐厅产品的认可度就非常高，而且前期已经对餐厅产生了信任，所以他们的配合度都会比较高。所以前面的两个阶段——获取用户和激活用户，需要餐厅特别花时间和精力。

3.3 AISAS 模型

AISAS 模型是由 AIDMA 模型演化而来的，更适用于互联网兴起之后的营销时代。AIDMA 模型的具体内容为：注意（Attention），兴趣（Interest），欲望（Desire），记忆（Memory），行为（Action）。在以前互联网应用不发达的时代，消费者的信息来源是报纸、杂志、广播和电视等，所以当时的消费者首先注意到商品，对商品产生兴趣，然后产生购买欲望，留下记忆并最终做出购买行为。而现在，由于互联网的兴起，人们的注意力长时间都被眼前小小的屏幕占有，并且不断有更新、更好玩的信息争抢消费者的注意力，消费者的遗忘速度变得越来越快，如果消费者在想购买产品的时候不能购买，可能他下一秒就会忘记该产品。所以新的模型——AISAS模型出现了。如图3.8所示，AISAS模型在原来AIDMA模型的基础上，去掉了D和M，增加了搜索（Search）及分享（Share）。AISAS模型的具体内容如下。

Attention——引起注意

Interest——引起兴趣

Search——进行搜索

Action——购买行动

Share——人人分享

图3.8　AISAS模型

1. 为什么在互联网兴起后，人们对产品产生兴趣后就会去搜索产品呢

因为现在的消费者相信口碑甚于广告，为了做出正确的消费决策，消费者会搜索相关产品信息，查看产品的评论、淘宝的买家秀、专业第三方的测评结果等，而这些都是搜索到的内容。

现在的年轻一代更喜欢主动分享自己的产品使用感受，这也是大众点评、小红书等App发展的基础。某个产品的分享次数与评论变多之后，会改变更多消费者的消费行为，让他们购买此产品，这就是所谓的"种草"。现在，所有的商家都在试图缩短AISAS模型的路径，让消费成为一件越来越容易的事情，消费者接触信息和购买产品的渠道，都可以由一个手机覆盖。

2. 转化路径变短

消费者可以随时随地查看信息、随时随地购物，所以转化路径也越来越短，短到什么程度呢？AISAS 可能缩减为 ISA，即引起注意和引起兴趣可以同时完成，接着搜索一下产品相关信息（如查看评论），然后直接购买。整个过程几秒就可以完成。所以，消费者在看到商家投放内容的第一时间是否对这个产品产生购买冲动，就变得非常重要，只要有兴趣，那他就可能立刻下单。在这个模型下，投放内容只有承担引起注意、引起兴趣和口碑传播这三重任务，才能让消费者立刻产生购买行动。

现在很多"带货"的 KOL，都可以做到三者合一。比如现在"带货"的头部 KOL 李某琦，他在用"夸张"的情绪化的方式推荐口红的过程中，介绍了口红的品牌以及产品的特点，用夸张的形容词告诉消费者这款口红有多好看、有多好用，将引起注意、引起兴趣及口碑传播三者合一，让消费者在看视频的同时立刻做出购买行为，从而出现了被他卖断货的口红数不胜数的情况。

3. KOL 投放策略

这就是现阶段在 AISAS 模型中，不得不提到的最重要的 KOL 投放策略。KOL 投放对一场活动的影响是很直观的。而 KOL 的强大"带货"能力，直接让广告行业在一段时间内流传起这样一种说法：在未来，广告公司会全部消失，只剩下 MCN 公司。特别是 KOL，除了可以助力产品销售，还能凭借自身的流量，强化品牌舆论，甚至起到提升品牌力的作用。而这些掌握了流量、舆论资源甚至是话语权的 KOL，已经是营销活动中不得不重视的重要对象。然而并不是只要投放了 KOL，产品就可以有好的销量。

4. 如何找到合适的 KOL

那么如何找到合适的 KOL，并将其与 AIS 结合起来，实现商业变现呢？首先介绍一下 KOL 的成长路径，KOL 通常会经历以下两个阶段。

（1）第一阶段：兴趣领域的小 V。

有一定粉丝数量及影响力的账号，通常被网友们叫作小 V。这个阶段的

KOL 往往只在某个垂直领域有一定的影响力，如一些美妆博主、数码博主、vlog 博主、游戏博主等。每类博主下又会有更多的细分领域，如穿搭博主分欧美风博主、汉服博主等。除了兴趣领域，也会有各种垂直类平台，如下厨房、快手、小红书等。这个阶段的 KOL 还只是兴趣领域的小 V，有一个平台作为主阵地。这种小 V 有什么特点呢？首先，他们的影响力有限，受困于特定的兴趣圈层及平台，如果换一个兴趣圈层或者平台，则立刻无人问津、失去流量。其次，用户可能不会随着小 V 的迁移而转移平台。比如，有一段时间知乎推出了一些新规定，封了一些知乎大 V 的账号，这些大 V 转移到了微博或者微信公众号，然而他们的粉丝量却很难积累起来。某知乎账号的几十万粉丝中随之转移到微博的可能不到一万，和微博上拥有几百万粉丝的大 V 相比，小 V 的影响力就弱了很多。这就是粉丝不会跟着 KOL 换平台，小 V 的换平台会面临的风险。但是，由于是兴趣将粉丝聚集起来的，所以这种小 V 的粉丝黏性会很高。

（2）第二阶段：意见领袖。

在这一阶段，KOL 被大众认知，突破圈层成为大众认知的意见领袖，俗称"红出圈"。

红出圈的大 V 不再只输出垂直领域的内容，输出内容会在原来的兴趣圈层的基础上扩展到公众领域。如某酱从微博搞笑视频达人，到后来参加《奇葩说》《吐槽大会》等综艺节目，已经不再局限于自己的领域，在更大的平台上获得了更多的发声机会，而她的粉丝也追随着她，从微博向其他平台转移。

5. 成长为大 V 的 KOL 有什么特点呢

首先，大 V 具有跨平台的影响力，在多个平台都拥有大量的粉丝，不受平台的约束，大 V 换平台，粉丝就跟着换平台。李某琦在抖音红出圈以后，抖音上的粉丝就追到了他的淘宝账号，这就是粉丝跟着大 V 走的实例。其次，大 V 的影响力是大众型的影响力，流量巨大，对提升品牌的大众认知度和为品牌背书，都有一定的效果。当然，前提是选择与品牌调性符合的 KOL。虽然现在"网红"更新换代的速度比以前快了很多，但是 KOL 的形成还是有很大的偶发性和必然性。每一次平台流量的变化，都会催生出大量新的更适应新平台的 KOL，但是也会很快形成由新的头部 KOL 和腰部 KOL 组成的新格局，并且稳定下来。

6. KOL 的作用

介绍完 KOL 的发展阶段及特点之后，接下来介绍 KOL 如何帮助品牌在 AISAS 模型中发挥作用。

（1）KOL 为什么能"带货"？

这是因为在 KOL 日常进行内容输出的过程中，粉丝对他们输出的内容或者对 KOL 个人建立了信任。这种信任让粉丝愿意为 KOL 的推荐买单。"种草"博主和测评博主与产品契合度越高，粉丝就越相信他们的内容，转化率也会越高。而 KOL 接广告，就是一种消耗信任的行为。如果一个产品并不好，而 KOL 却进行推荐，结果粉丝购买该产品后感到很失望，那么这个 KOL 下一次推荐的效果，甚至包括他的名声及粉丝量都会受到影响。说到底，KOL 的价值是粉丝数量与粉丝信任度的乘积。

即 KOL 的价值 = 粉丝数量 × 粉丝信任度

粉丝信任度是一个非常重要的参数，很多 KOL 为了维持粉丝对自己的信任，会较为严格地筛选要推荐的产品，并且为了增加粉丝的好感度，会要求品牌方给自己提供一个低于市场价的价格，以此来减少广告带来的对粉丝信任度的消耗，达到品牌、KOL 及其粉丝共赢的效果。此外，KOL 和产品的契合度，也是一个非常重要的参数。如数码类测评博主的粉丝大部分为男性，品牌方就不会找他们推广美妆类产品，除非品牌方需要开展一些特别的营销活动，如节日期间教男性如何给其女朋友买礼物，但这种也不是常规的大量投放。

（2）KOL 的价值会因产品品类的不同而有所波动。

如高购买频率、低门槛的快消零食类产品，投放 KOL 之后可以立刻非常明显地观测到销售成绩是否增长，效果显现非常快，在这种情况下就比较容易判断这个 KOL 转化率的高低。但是对于一些低购买频率、高价值的产品，如汽车，投放 KOL 产生的效果可能更偏向于品牌力的提高，这类产品销售成绩的反应速度会比快消类产品慢一些，但这并不能表明 KOL 的转化率低。现在人们的生活节奏加快，购买链条又进一步缩短，再加上新品牌层出不穷，人们迫切需要可以在短时间内筛选出自己需要的或者想要的东西。而 KOL

将注意、兴趣和信任三者合为一体，其实是降低了消费者选择的门槛、提高了选择的效率。

当然，一家企业销售产品不能只依赖 KOL 的宣传，在 AISAS 模型中，AIS 的形式多种多样，好的广告或者活动依然可以让消费者看到信息就搜索产品，再立马购买产品。但是无论是广告活动还是 KOL，重要的都是将说服消费者的过程变短，让消费者的心理路径变短，从而更快地完成购买行为。

完全通过 KOL 投放、缩短 AISAS 模型的路径而被推广成为"爆款"的产品

相较于其他案例，这个案例较为特殊。这个案例将介绍一个纯粹靠小红书上的 KOL 推广而成为"爆款"的产品，而活动策划者在这个过程中，需要做的只是规划好 KOL 的名单及节奏，实现 AISAS 模型中的 AIS，就可以把产品打造成"爆款"。

我在眼镜公司工作的时候，公司每个月推出新品时都会找一些 KOL 在小红书或者抖音上创作一些"种草"的内容。但是我们发现其中有一款眼镜每次推广后的数据都非常好，无论是评论留言还是转化数据，都比其他产品多或高。特别是随着时间的推移，有些粉丝开始自发转发产品的相关内容。这是非常明显的信号——这款眼镜具有成为"爆款"的潜质。于是我们立刻开始制订将此产品推广成为"爆款"的计划。

1. 产品

首先，这款眼镜的外观及包装都非常粉嫩，外包装是一个粉色的礼盒，里面是粉色的眼镜布、眼镜链以及眼镜边框。我们比较了一下数据表现好的平台，发现在微博、抖音、小红书这 3 个平台里，小红书的数据明显高于其他 2 个平台。可以看出，小红书的用户对于这种粉嫩的、可唤起"少女心"的产品非常感兴趣。

2. 扩大受众

接下来的营销重点就转移到了扩大传播面上，我们希望受众在平台上看到这款眼镜时就会去电商平台搜索这款产品并下单。我们根据 AISAS 模型，确定了以头部 KOL、腰部 KOL 和大众 KOC（Key Opinion Consumer，关键意见消费者）为主的投放策略。投放头部 KOL 和腰部 KOL 是为了引起消费者的注意和兴趣，投放大众 KOC 是为了做好消费者搜索时的口碑铺垫。我们根据预算，选取了 5 个 KOL，其中，3 个 KOL 的推送内容都是带有少女感、甜美标签的露脸照和笔记；2 个 KOL 的投放内容是开箱信息，用自己拍摄的精美图片来呈现产品。这 5 个 KOL 的粉丝数都在百万以上。

对于拥有大约 30 万粉丝的博主，我请了我做 BD 的同学去谈合作，这样可以节约一些营销费用。让我们非常高兴的是，很多博主愿意置换资源，或者愿意接受以一副眼镜低于市场价的价格向粉丝推广。这两个部分承担了 AISAS 模型中的 AI 两个任务，所以内容质量需要特别把关。同时，我们在社交媒体上进行投放，作为 AISAS 模型的最后一步——分享。

最后就是进行 100 个用户以上的投放。引导用户创作不同的正面内容，只是内容质量的把关不需要特别严格。

经过这样的推广活动，不到一个月，这款产品的销量迅速攀升到同品类第一，并且出现了非常多的用户自愿发布的笔记。在前期发力之后，后期我们只做了一些口碑维护，就成功维持了销量。此产品的火爆时间持续了半年以上，并且在第二年我们还推出了它的系列款。

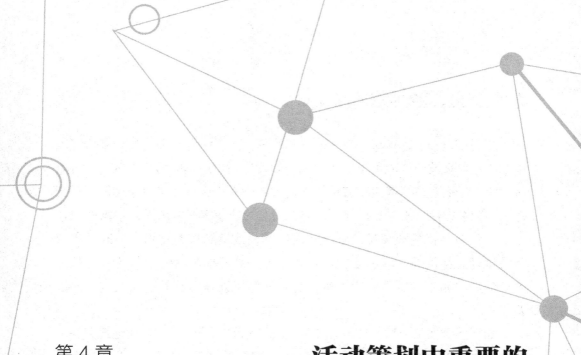

第 4 章

活动策划中重要的
金字塔原理

现在我们已经了解了活动中常用的几个模型，但是要真正开始写活动策划书，依然不容易。因为开展活动是一个复杂的过程，其中涉及的部分非常多，要想写一份周详的活动策划书，就需要运用一个非常基本的原理——金字塔原理。金字塔原理并不是只能运用在活动策划中的方法论，它还可以帮助人清晰地思考，形成表达有力的工作方法和习惯。在复杂的活动策划中，金字塔原理可以帮助我们厘清思路，将活动策划方案以更清晰和有说服力的方式呈现；也可以帮助我们更好地说服上司或者客户；还可以帮助我们快速策划出能达到目的的活动策划方案。

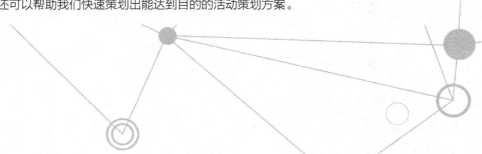

4.1 什么是金字塔原理

金字塔原理（Pyramid Principles）是源于麦肯锡咨询公司的一种研究工作方法，后来被广泛应用于诸多领域，如写作、沟通、职场汇报等。它可以帮助使用者把事情想清楚、表达清楚并做到令人信服，也可以帮助职场人士建立一种基础性思维。活动策划者要针对公司或者客户提出的营销问题设计方案，从调查背景到发现问题，从提出解决方案到设置目标，再到最后项目的执行，都需要其准确地提出解决方案。这就要求活动策划者具有很强的分析能力和思考能力。所以运用金字塔原理处理问题是活动策划者的必备技能。

金字塔原理是一种通过递归结构分解目标的方法，可以有效地把大问题分解成小问题。如以上统下、归类分组、逻辑递进等，将目标拆分成一个个具体的层级，同时在层级中保证上一个层级的每一组观点是对下一个层级观点的总结，在横向的分类上，每组的观点互不重叠且有逻辑顺序。这就构成了一个严谨的结构，在这个结构之下，活动策划需要的庞杂信息，就会被整理、归纳，以筛选出真正有用的信息及对应的行为，并同时指向最终目标。

4.2 金字塔原理在活动策划中的作用

金字塔原理在活动策划中的作用是多方面的。首先，活动策划不只是对方案进行策划和执行，还需要将方案和工作进度等信息汇报给上级，有时还会开展跨部门合作。而金字塔原理不仅能帮助活动策划者想清楚策划方案，并有条理地执行，还能帮助活动策划者做出清晰的工作汇报或者说服同事。可以说只要能在工作中熟练地使用金字塔原理，你就会成为一个成熟的活动策划者。

活动策划：
流量获取＋经典模型应用＋销售转化＋品牌塑造

4.2.1　更好地达成活动目标

为什么说活动策划尤其需要用到金字塔原理呢？

一方面，活动目标可能非常多。前文介绍过，有些活动是为了提升产品销量，有些活动是为了提升品牌力，而有些活动则是为了提升用户忠诚度。另一方面，活动中运用的手段又常常会有重叠，如提升产品销量的活动和提升品牌力的活动可能都需要投放 KOL，而提升用户忠诚度的活动和提升产品销量的活动可能都需要用到产品打折的手段。在这种情况下，活动策划者在策划的时候往往容易失焦。特别是在策划一些规模大、持续时间又较长的活动，甚至一个大型活动中还包含无数个小型活动时，活动策划者就更加容易让活动流于形式。此外，如果一个大型活动中包含的每个小型活动的目标都不一致，那么一旦活动策划失焦，可能会导致大型活动的最终结果非常不理想。这时活动策划者就非常需要运用金字塔原理帮自己厘清思路，让大型活动中的每一个小型活动都指向最终目标。

4.2.2　大大提升工作和思考效率

一个活动项目不太可能由一个人独立完成。活动策划者除了需要与组员沟通以外，通常还需要向领导汇报、跨部门沟通，期间会接触到设计人员、文案人员、程序员、产品研发人员等，还可能需要和公司外部的合作伙伴沟通，如客户、乙方等。在这期间，活动策划者需要进行大量的沟通说服工作。

如果活动策划者不掌握金字塔原理，想不清楚活动的背景和目的，说不清楚活动项目执行的方向那又怎么能让别人认同并执行呢？如果出现上述状况，项目会难以推进，且会在沟通上浪费大量的时间，这里的沟通指文字说明、PPT 展示和口头表达，从而让项目执行的整体效率降低。但是如果活动策划者掌握金字塔原理，就可以对需要解决的活动问题进行有逻辑的分析，并且非常有条理地写出应对方案，同时顺畅地与合作伙伴沟通，最终让项目的推进更为顺畅。特别是在常常举行的小组活动创意头脑风暴会议上，由于缺乏活动目标及拆分，大家的想法天马行空，常常会产生很多无意义的想法和讨论，从而导致会议冗长且毫无成效，效率非常低下。但是一旦运用金字塔原理，大家提出的每一个想法都为目的服务且具有逻辑性，会议很快就会有结果，可以大大提升会议效率。将金字塔原理运用于活动策划和项目执行，有助于最终目标的实现。

4.2.3 活动策划者的必备技能

活动策划者必须具备以下 3 种技能。

1．技术性技能

活动策划者应具备技术性技能，如写文案、对海报的审美判断、计算转化率、了解活动模型等。

2．人际性技能

商业谈判、跨部门沟通合作、组织协调之类的技能属于人际性技能。

3．概念性技能

概念性技能看上去有一些空泛，其实指的就是将空泛的问题具体化，将复杂的问题梳理清楚并整理成可解决的问题或可执行的方案的技能。所以活动策划者不仅需要清楚营销活动的每一个环节，更需要具有把控全局的能力，并且在项目启动的过程中要发挥统一协调的重要作用。特别是当活动策划者的经验越来越丰富，操盘的活动越来越大时，概念性技能的水平也需要同步提升。这时，金字塔原理能帮助活动策划者很好地从多个角度深刻地分析问题，并系统地制订策划方案，让活动策划者操盘的每一次大型活动都能高效地取得成绩。所以很多时候，阻碍活动策划者职业发展的可能不是其自身的专业技能水平有限，而是在应对复杂情况时逻辑分析和解决问题的能力不足。活动策划者的职位越高，面对的问题也就越多、越复杂，所以金字塔原理是活动策划者的必备技能，也是其强大的助力。

4.3　如何基于目标确定活动主题

这里先介绍一下金字塔原理的 4 个基本特点。

结论先行。

以上统下。

分类归组。

逻辑递进。

其中，前 2 个是从上到下的结构，即先定好大框架再细分，或者将结论放在一级结构，再具体细分；也可以先写明结论，再描述原因，或者把重要的信息放前面，次要信息放后面。这是一种非常明显的目标导向型思维模式，在活动策划中运用这种思维模式时，第一步一定要先明确目标，之后根据目标设定主题。后 2 个特点非常适用于在很多素材数据中理出头绪，后文将具体介绍。

4.3.1　如何确立活动目标

1. 目标场景

在确立活动目标之前，必须先想清楚营销的目标场景是什么。就像写小说一样，时间、地点、人物必须描述清楚。其中的人物是消费者还是路人？活动是针对女性用户还是男性用户？想清楚才能开始策划活动内容。活动场景越具体越好，因为即使是同样的内容，具体的活动场景不同，差别也是非常大的。同样是商场活动，门店活动和快闪店活动就完全不一样，门店活动针对的是已经进店的潜在消费者，而快闪店活动针对的是逛商场的人。所以门店活动的目标是将潜在购买者变成购买者，甚至使购买者购买得更多，本来想买一个产品的，用活动的方式让他们买两个。而快闪店活动的目标可能是吸引更多路人的注意力，并将他们对快闪店的好奇转变成对产品的兴趣，从而将他们导流到同商场的门店，最后增加门店的销售量。

所以，活动策划者一定要明确营销活动的场景是什么，活动场景越明确，对目标的制订越有利，而活动的内容、主题及流程，也会受到场景的影响。场景明确之后，就应将场景具体化。场景越具体，对目标的实现也越有利。

一家儿童玩具生产商的市场部发现某一款儿童玩具卖得非常好，于是决定将这款玩具打造成"爆款"玩具。市场部采取的第一个措施就是将这款玩具移到整个门店的中岛位，但是这样做之后，销量反而下跌了。这是为什么呢？营销人员来到门店观察，最后发现这款玩具原来的位置在货架的最底部，恰恰是小朋友刚好可以看到的位置，于是他们被吸引，然后把玩具拿起来并央求父母给自己买。但是这款玩具被放到店铺的中岛位后，以小朋友的身高，别说拿起来了，可能连看都看不到，所以销量自然就下降了。这就是不明白具体场景下消费者的行为是如何产生的，而导致营销活动失败的例子。

场景越具体，观察到的消费者行为数据越多，活动策划者就越能准确地设置活动内容和目标。所以广告公司的活动策划者如果真的对客户负责，那么在写方案之前，一定会去产品售卖的地方观察。如果客户是某饮料公司，那么活动策划者可能需要在售卖这款饮料的超市里观察，看有多少人是把这款饮料拿起来就走，有多少人是犹犹豫豫看了又放下，又有多少人是拿它和另一个品牌的饮料比较了半天最后却没有选它。

2. 目标行为

目标行为指的是活动策划者希望消费者的行为发生哪些改变。如一个打折活动，活动策划者的目标可能是打 8 折，购买的人数增加 30%。又如微博的晒图 UGC（User Generated Content，用户生成内容）活动，活动策划者可能希望参与晒图的用户能达到预期。总之，就是希望活动能改变人们的行为，无论是购买，还是参与晒图、点评等，都可算作目标行为。在这里要明确一下，由于营销活动常运用漏斗模型，有时候活动的目标和场景的目标可能是不一样的。

举例

如果是一次将核心用户转变成充值会员的活动，该活动希望达到的目标如下。

（1）了解核心用户的需求。

（2）筛选出有吸引力的奖励。

（3）吸引核心用户参与活动。

（4）促使核心用户购买产品。

（5）将核心用户转变为会员并使其充值。

但是如果这个活动的场景不同，具体的目标可能就不同了。如在线下门店，目标可能如下。

（1）在用户购买产品的过程中，店员能完整地介绍会员系统的规则。

（2）用户在购买产品的同时充钱成为会员。

（3）由于会员充值活动，门店的复购率提升 50%。

而如果是线上视频网站，针对充值会员的目标可能如下。

（1）将视频贴片广告时间延长，使用户因不想长时间观看广告而充会员。

（2）增加 30% 仅限会员观看的影片。

（3）给快到期的会员推送更多的优惠会员套餐，让 80% 的快到期的会员续费。

这个方法在日常工作中也能发挥作用。例如你需要为公司提供一个营销方案，那么你在向你的上司汇报方案之前，也可以提前设立一个目标。比如，当上司听完汇报以后，我们希望达成的目标如下。

他了解我的方案设计思路。

他认同我定下的目标。

他愿意跟我深入探讨方案中的细节。

他认可我的方案，并支持我执行。

这里推荐一个设立目标的简易方法：ABCD 目标法。

A（Actor）代表受众。

B（Behavior）代表行为，希望受众产生什么行为。

C（Condition）代表条件，在什么条件下可以完成。

D（Degree）代表程度，希望达到什么标准。

假如一个活动策划者希望做一个新店开业的活动，那么他策划的活动内容可能是：新店开业前 3 天打 8 折。目标可能是：在商家提供新店开业折扣信息之后（C）消费者（A）非常愿意来门店购买 3 件以上的产品（B），折扣活动使产品销量达到日常平均销量的 3 倍以上（D）。

若公司希望品牌在新的一年里增加品牌声量，需要活动策划者做一个全年的投放策划方案。那明年的目标就是：第一，在投放广告大片以后（C），能够在网上引起目标受众（A）的关注与讨论（B），全网搜索量和讨论度达到预期目标数据（D）；第二，在广告公司明确公司需求的情况下（C），广告公司的活动策划者（A）能清楚了解宣传利益点及公司需求（B），并高质量地完成广告大片的制作（D）。

4.3.2 运用 SCQA 方法找出信息重点

目标确定之后，为了了解项目的整体情况，需要收集并整理大量的相关资料。比如，要做一份产品定位方案，我们需要明确整体的市场环境和市场发展趋势、消费者对目前市场上已有的同类型品牌的认知、竞争对手的品牌及其产品、竞争对手的品牌策略（他们的代言人、广告、口碑等）。搜索背景资料做调查研究通常是一个处理大量信息的过程，在网上会搜索到非常多的相关资料，我们需要在这些纷繁复杂的信息中，提炼出有用的信息并以此确定策划重点。如果不对背景信息进行有效的处理，不仅会影响活动方案的制订思路，还会让最终听汇报的人感到不知所云，总是说不到重点。所以为了优化你的策划方案，收集的资料应包含以下 4 个要素，也就是要运用 SCQA 法。

S 是情景。

活动策划：
流量获取 + 经典模型应用 + 销售转化 + 品牌塑造

C 是冲突。

Q 是疑问。

A 是解答（解决方案）。

情景指的是营销环境的大背景，如公司现阶段的情况、营销大环境的一些动态、行业的趋势变化、消费者的消费倾向变化等。冲突指的是在这个大背景下现阶段或者未来发生变化之后产生的问题。疑问指的是在这个大背景之下，该如何解决这个问题。解答指的就是这个问题的解决方案。

如果公司希望明年的销售额增长 10%，可运用 SCQA 法进行如下分析。

（1）情景如何。收集大背景资料，发现公司在今年推出新品之后销售额增长态势良好，购买产品的人群主要是 30 岁左右的白领人士，投放的广告主要是公司楼宇广告，可精准触达白领人士。

（2）冲突出现。这种投放方式使大量 18~22 岁的年轻用户流失，这部分用户的购买力不足，并且互联网上的品牌知名度低。

（3）问题。如何在明年加强年轻用户的购买力，提高互联网上的品牌知名度？

（4）解答。我们决定加大社交媒体上的广告投放力度，运用年轻人更喜欢的活动形式，深入触达 18~22 岁的年轻人，最大限度地刺激年轻人的购买欲望，增强年轻人的购买力，最终完成整体销售额增长 10% 的目标。

（1）S（情景）：相对客观的大背景。

只有清楚背景，才能基于事实做方案，否则方案就是空中楼阁。并且当你在给客户或领导介绍方案的时候，通过背景可以很好地和对方达成共识，只有双方都认同背景，介绍才能继续，否则你的客户或者领导很难继续听完你的方案介绍。

（2）C（冲突）：背景下的平衡被打破，出现问题。

冲突和情景之间是有逻辑关系的。通常情况下，品牌在发展过程中一定会遇到各种各样的问题。在发展初期，通常会遇到市场扩张困难、知名度不够高等问题；在高速发展期，会遇到公关危机、竞争对手增多、口碑维护等问题；进入稳定期之后，会遇到品牌老化、扩充子品牌、占领新市场等问题。总之，几乎所有的问题都是基于大背景产生的。

（3）Q（疑问）：在面临这样的冲突时，该如何解决这个问题？

在面临冲突时，要找到最重要的核心问题。冲突可能有很多，所以需要找到最关键的冲突并提出问题。

（4）A（解答）：解决方案就是策划方案的核心。

解答或解决方案是基于上述问题，你给客户或领导的回答，即你的策划方案，其中会运用到之前介绍的模型及后文将会介绍的 MECE 原则，从而制订方案，最终解决问题、达成目标，让企业回归平衡。在收集信息的阶段，SCQA 法可以帮助你很好地从复杂的信息中筛选出有用的信息，并且快速组织内容，让你能迅速找到目前面对的问题及解决问题的主线，以免在繁杂的信息中找不到逻辑。你在写方案时，用 SCQA 法梳理信息之后，就清楚了背景、冲突分别是什么，至于最终得出来的答案，可以综合更多的信息，并按照自己的逻辑做出判断，再开始制订正式的方案。

SCQA 法的分析流程如前文所述，但是当你在写活动策划方案的时候，SCQA 的顺序是可以打乱的，你可以根据实际需求选择不同的顺序和模式。

当你面对的是急于获得解决方案的人时，就可以先告知其答案。除非你非常了解汇报对象，或者对方提前说明了需求，通常情况下最好用基础的 SCQA 顺序来进行策划方案的阐述。因为说明情景可以让你和汇报对象初步达成共识，接下来他会愿意顺着你的逻辑听你的问题和解决方案。如果一开始就阐述冲突，但对方并不认可，汇报就很难继续进行下去。所以在不太了解汇报对象的情况下，最好用基础顺序。当然，在向熟悉的上级汇报的时候，由于大家前期沟通过情景的相关信息，所以可以直接告诉他解决方案，同时将背景放在最后，作为解决方案的补充，上级如果有需求也可以另外进行说明。

4.3.3　基于目标定主题

通常在策划之初，每个人都会遇到给活动定主题的问题。大到品牌年度活动，小到一个拉新裂变的活动，都需要为其定一个主题。为什么需要定一个主题？主要有以下两个原因。

（1）营销是一个说服消费者、占领消费者心智的过程，所以你应该知道你要说服消费者接受你的什么观点。

（2）你还应知道如何将这个观点以消费者喜闻乐见的方式传递出去。

所以第一步需要确定目标，第二步需要创意来包装。做过营销或者广告的人都知道创意和追求创意的重要性。但是创意并不是凭空而来的，而是基于目标产生的。

1. 通过目标确立结论

由于主题是基于目标而定的，所以我们应先确立目标，然后进行背景调查，了解我们要说服的对象是谁，再基于目标和对象，给出一个可以表达自己观点的结论。

在一场女性香水的推广品鉴会上，介绍的香水都是一样的，但是当邀请来的客人都是男性，而我们希望男性客人在节日的时候将这款香水作为礼物送给自己的伴侣时，那么品鉴会主题可以是："想要她的微笑，就送她××香水"。而如果邀请的客人大多数是女性，而我们希望女性在品鉴会之后主动去了解这款香水的成分及质地，并最终购买，那么品鉴会的主题可能就会变成："××香水，你迷人的秘密"。这两场品鉴会拥有不同的主题，并不都是"××香水介绍"。

所有的主题都是基于目标，也就是基于结论而定的。在上文关于香水的例子中，其实无论是适合作为礼物还是适合用来提升魅力，都是在你介绍完香水之后的结论。所以主题其实是对结论的一种包装。

2. 对主题进行打动人心的包装

广告内容和前面提到的主题，其实都是一样的，目的都是将结论传递给目标受众，并将其用一个打动人心的主题包装起来。信息流广告的制作者就深谙此道。

一个特卖网站的信息流广告的内容可以是：××，一个做特卖的网站。先简单分析投放广告的目标：让收入较低的人也可以买到名牌。再分析一下目标受众：刚工作的小白领，有购买名牌的需求却没有购买的实力。提取关键词：低收入、名牌、上班族。经过包装优化之后，主题就变成：同事月薪3 000元，天天穿名牌，原来都是在这里买的。

如果是一款生发洗发水，在知乎上投放信息流广告的时候，就可以把结论包装成一个问题。首先确定目标：年轻人看到广告之后能了解脱发的本质并产生购买行为。将主题进行包装之后可以在知乎上发表这样一个问题："为什么现在年轻人脱发越来越严重了？脱发的主要原因是什么？"由于知乎上几乎所有的信息都是以问答的形式传播的，所以将主题包装成问答形式既符合平台属性，还可以吸引年轻人点击。我们需要通过对目标人群及投放平台进行分析，将主题进行包装，使主题更具吸引力。

（1）如何进行包装呢？

主题包装的基础原则主要有以下3个：简单、准确、利益相关。主题包装需要同时符合以上3个基础原则。一个好的主题或者广告语需要同时符合这3个基本原则。通常一个目标结论可以包装出多个主题或者广告语。

（2）到底应该选哪一个呢？

在过去，资深的广告人可能会凭借丰富的经验和敏锐的洞察力挑选出他认为效果最好的广告语。不过，现在有一种更客观的挑选方法，即做小范围的测试。

活动策划：
流量获取＋经典模型应用＋销售转化＋品牌塑造

举例

在我曾经就职的一家大型互联网公司，负责营销的 CMO 每次都喜欢让大家把符合以上 3 个原则、通过头脑风暴产生的广告语写在白板上，然后把在办公室的同事都找来，让他们挨个给广告语投票，投出一条自己最喜欢和最讨厌的广告语，最后分别选出一条最喜欢和最讨厌得票都最多的广告语。因为他认为这样的广告语才是有争议的，有争议才有传播力。当然，现在可以用数据工具更客观地帮助大家选择，如使用 LBS（Location-Based Service，基于位置的服务）定投广告或者信息流广告。例如准备几条符合原则的广告语，在正式大规模投放之前进行小范围的测试。

在测试的过程中，我们首先将目标人群分组，之后针对不同组的目标人群设计不同的广告语，在小范围的投放测试之后，使用漏斗模型统计转化率的反馈数据，从反馈数据中选出最优的广告语。如果反馈数据都达不到预期，可以不断地优化主题，不断尝试新的利益点、新的热点词并优化销售页面，最终选出最优的广告语，再进行大规模的投放。

这样做的好处在于削弱了许多主观因素的影响，由数据得到的反馈更加客观。但是这种方法也有局限性，就是针对效果营销的广告语，测试结果较为有用，但若是提升品牌形象的广告语，衡量标准就会更容易受其他因素的影响。

4.4 活动策划方案中的金字塔原理

在做活动策划的时候，通常有两种方法：一种是基于目标思考达到目的的方法；另一种是收集各种信息，如竞品信息、案例调查等，找到最合适的解决方案，并运用于活动中。在活动策划方案中搭建金字塔原理结构的方式也有两种，但无论用哪一种，都可以让方案有理有据。

第一种方式是自上而下地搭建金字塔原理的结构，先提出问题，然后给出答案，也就是对营销活动做分解。

第二种方式是自下而上地搭建金字塔原理的结构，对于零散的信息进行概括总结，将方案信息聚合起来。

4.4.1 自上而下——对营销活动做分解

1. 自上而下总述——问与答的分解方式

大家有没有这样一种感觉？在看小说或者电影时会非常专注，时间很快就过去了，但是在看一些冗长的数据报告时，很容易看不下去，而且在听别人做报告的时候，更是容易昏昏欲睡。这是为什么呢？在《故事经济学》这本书中，作者就提到人们对主人公的最终结局一直保有好奇心，主人公每次的选择会造成什么样的结果？这样的悬念吸引着读者，为了追寻答案，读者会一直读下去。故事抛出一个又一个悬念，接着出现一个又一个答案，解答完最后一个悬念，故事也随之结束。同样地，制订活动策划方案也是一个不断抛出问题，然后解决问题的过程，这个过程就是自上而下地用疑问和回答对营销活动做分解。

自上而下的提出问题并进行回答的方式既有吸引力，又有说服力。很多时候，不需要等对方来问，自己就可以用自问自答的方式提前解答疑问，重要的是让对方跟着你的思路一步一步往下走，你要一点一点地满足对方的好奇心。由此可见，自上而下做分解的方式可以达到以下两个目的。

（1）吸引别人的注意力。

（2）使言辞更有说服力，对方的疑惑被你完全解开时，就是他接受你的观点之时。

在方案中，第一级的主题就是第一个问题的答案，接着设想对方在看到我们抛出来的主题后会产生什么样的疑问，之后再次抛出答案，层层向下。这里需要注意的是，对疑问的回答就是你设定的一级标题，这个标题也是对方案的总概括。在回答这个疑问之后，受众会产生另一个疑问，于是针对一级标题所引发的疑问的回答，就是二级标题。三级标题也同样是对二级标题的回答。以此类推，直到对方再无疑问，整个框架就算搭建完成。通常提出疑问并进行回答的框架有 3~5 级，最多 5 级就可以解决对方全部的疑问并使其接受你的观点。如果到 5 级都无法完成，则需要考虑这个框架设置是否有问题。自上而下的金字塔原理结构如图 4.1 所示。

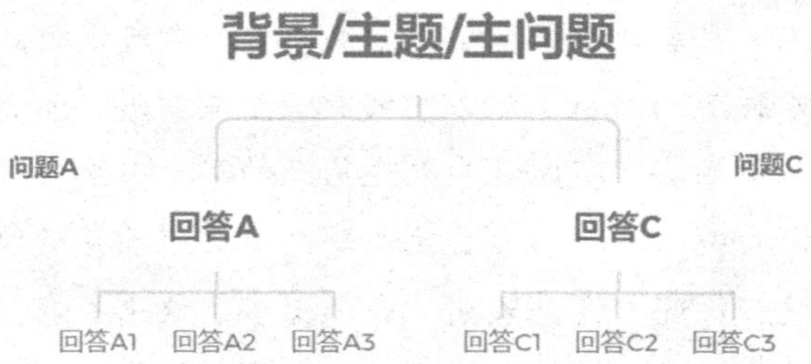

图 4.1　自上而下的金字塔原理结构

2. 站在对方的角度思考问题

以上思维模式在写方案的时候尤其重要，因为通常情况下我们习惯说自己的事情，但是在营销中，我们应更多地站在对方的角度思考问题，要换位思考：对方会关心什么？对方会提什么问题？

运用金字塔原理分解疑问可分为两个步骤：第一步是设想问题，从对方的角度出发；第二步是回答问题，尽可能提前找出全部答案。设想问题就是在已经确定主题的基础上，设身处地地思考对方会关心的部分，也就是受众的需求。在你想传递新的信息时，被对方质疑是很正常的，对方会对你的信息和逻辑产生疑问，自然就会提出以下问题。

为什么你这样说？

这到底是什么？

所以这种自上而下的问答方式可以让你最大限度地站在对方的角度思考问题，避免信息传递者和接收者的关注点南辕北辙，从而杜绝炮制"自嗨"型广告。

"自嗨"型广告

有一次在街上，我看到一个车站广告牌上的广告内容是：热烈庆祝××公司上市 2 周年，股票代码×××。这种就是很典型的"自嗨"型广告。

首先，广告投放在街上，默认受众是街上的路人，然而大部分走在这条街上的路人，并不会关心一个和自己无关的公司上市几年的消息。其次，这个广告到底想表达什么呢？是想表明"我们上市了快来买我们的股票"呢，或者是"我们上市了快来买我们的产品"呢，还是只是单纯地想表明"你们看，我们上市了，我们好厉害"呢？这种信息缺失的投放就是非常无效的"自嗨"行为。

我们需要完全站在对方的角度去思考，而不是停留在自己有什么的层面。设想问题最重要的部分就在于换位思考。

首先，关注自己。人的本能就是关注自己。

其次，知道对方在想什么。我们和对方可能互相不了解，信息不对称，那我们如何知道对方关心什么、想知道什么呢？比如，你在想如何让老板同意给方案更多的预算，然而老板可能想的是这季度营收情况不佳，如何降低公司的运营成本。

最后，放下自我。你在提案的时候，想的是怎样做才能不用改稿，而甲方想的是这个方案会不会成功、会不会达到目标、有没有什么风险点。而且每个人的关注点也不一样，不同的人去提案，侧重点都会不同。所以在设想问题的时候，我们要尽量放下自我，去思考对方会关注的部分。

特别是对于活动策划者而言，换位思考极为重要，因为说服别人本身就是策划工作的一部分。面对公司内部：需要说服老板批准方案，说服文案设计人员配合自己，说服合作伙伴联动。面对市场：需要不断变着花样地说服消费者。所以活动策划者在工作中需要转变思维，站在对方的角度思考问题。下面是一个关于站在对方的角度思考问题的案例。

活动策划：
流量获取＋经典模型应用＋销售转化＋品牌塑造

垃圾分类

A 市率先开始实施垃圾分类的强制规定，要求市民进行垃圾分类，否则会受到相应处罚。之后 B 市也开始实施垃圾分类。从这两个城市对垃圾的分类上，就可以非常明显地看出站在不同的角度思考问题的不同结果。A 市站在垃圾处理厂的角度，把垃圾分为湿垃圾、干垃圾、有害垃圾及可回收物，如图 4.2 所示。

图 4.2　A 市的垃圾分类

而 B 市站在市民的角度，把垃圾分为厨余垃圾、其他垃圾、有害垃圾、可回收物，如图 4.3 所示。

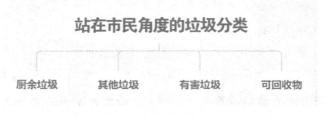

图 4.3　B 市的垃圾分类

对于垃圾处理厂来说，将干垃圾、湿垃圾、有害垃圾和可回收物分类是非常简单的一件事情，但是对于 A 市市民来说，这就成了一个大难题。因为干垃圾、湿垃圾中的"干""湿"，和普通的干、湿的概念是不一样的。比如，为什么饼干是湿垃圾？而尿不湿又是干垃圾？每次分类时，市民都有很多疑问。为了消除市民对垃圾分类的困惑，市政府也做了许多的努力，如编分类口诀、给出官方分类清单。但对于市民来说，垃圾分类依旧很难，因为分类口诀不可能人人都记得住，分类清单也难以覆盖所有垃圾。在这期间，网上出现了很多关于垃圾分类的段子。而市政府为了教育市民认识各种垃圾分类的方法，也耗费了大量的成本。

再来看 B 市，由于站在市民的角度考虑，垃圾分类的方式就与 A 市有所不同，如 A 市的湿垃圾相当于 B 市的厨余垃圾。于是市民很容易明白在厨房产生、与做饭有关的垃圾，就是厨余垃圾。这种取名方式在营销上叫作场景化，即将产生垃圾的场景放在垃圾的名称里，大家在垃圾分类的时候，很容易联想到其所属的类别。所以 B 市对市民的教育成本就比 A 市低了很多。

再如 B 市的其他垃圾，对应的应该是 A 市的干垃圾。

垃圾有很多的分类盲区，A 市市民在分类的时候，必须记住 4 种垃圾的概念及包含物，才能对照着分类，但是触及垃圾分类盲区的时候，该怎么办呢？好像这个也不对，那个也不对，无形中花费了非常多的时间。但是根据 B 市的垃圾分类方式，市民只需要记住 3 种垃圾的概念，特别是遇到垃圾分类盲区的时候，不用思考太多，直接将垃圾归入其他垃圾，非常简单，这样就节省了许多时间。

面对垃圾分类的名称问题，如果我们站在自己的角度，垃圾分类名称只要符合垃圾处理厂的分类就好。但如果站在用户的角度，就需要在确定垃圾分类名称之前，考虑一下用户可能会关心的问题。

第一，这些垃圾分类名称是什么意思？

第二，我如何区分垃圾？

第三，如果有些垃圾不知道该如何分类怎么办？等等。

如果多考虑一下用户在垃圾分类的时候，会遇到的实际操作问题，提前做好准备，将会大大降低社会的认知成本，避免大量不必要的教育资源耗费。

3. 如何运用自上而下的方式制订活动策划方案

（1）第一步是提出问题。

这里向大家介绍 5W2H 分析法，使用这种分析法可以让问题被全面覆盖。前文介绍了如何按照内容定主题，那么活动主题涉及的核心关键词都必须被问到。比如之前那个关于香水的例子，其主题"想要她的微笑，就送她 ×× 香水"，然后基于这个主题需要思考很多问题：这款香水是什么样的？这款香水比别的香水好在哪儿？香气的前调、中调分别是什么？价格如何？这些问题都是围绕香水的，但是这个主题中还有一个特别的关键词：送。到场的男性可能更关心为什么要送她这款香水而不是口红或者包包。如果不能解决他们心中的这个疑问，或许整场活动都是失焦的，他们并不能被你说服。所以，第一个问题是如何提问。这时就可以用5W2H分析法覆盖我们应关注的所有关键词。

What：目的是什么？

Why：为什么要这样做？

Who：谁来做？

When：什么时候开始做？最佳时机是什么时候？

Where：在哪里做？从哪儿入手？

How：如何做？

How much：做多少？费用多少？需要投入多少资源？

这种分析法能帮助你基于主题将问题思考得更加全面，也更加有条理。在做项目活动策划前，你可以将5W2H写下来，厘清策划思路。除了运用在活动策划中，5W2H分析法在很多选择性的思考活动中，也可以发挥巨大的作用，比如，当遇到是否要换工作、考研还是考公务员、该不该换一个城市生活等问题时，这种分析法也可以成为一种决策的准则。当你开始用5W2H分析法进行思考时，你就步入了理性思考领域，不会再盲目地被情绪牵着走。

如果信息不够，或者需要快速做出决策时，也可以用简化版本的2W1H分析法，即What、Why、How。

2W1H是非常核心的问题，也是大部分结构的基础，可以帮你快速找出事物的重点。其实2W1H就包含在5W2H里，只是更为关键。所以如果时间紧迫，你可以运用2W1H分析法快速搭建出一个金字塔原理的结构，但如果时间充裕，建议最好还是使用5W2H分析法，尽量避免遗漏。假如最近公司新来了很多设计师，由于人突然多了起来，你需要迅速制订新需求和设计师匹配的 SOP（Stand Operating Procedure，标准操作规程）并向上级汇报，同时推进实施。这时，你就可以用 2W1H 分析法搭建出一个金字塔原理的结构来设想问题、回答问题，并自上而下找到必须实施的理由，完成这次汇报，说服上级启动新的流程来解决新需求与设计师匹配的 SOP，如图 4.4 所示。

图 4.4　新需求与设计师匹配的 SOP

在 2W1H 分析法的基础上，你还可以结合之前介绍的金字塔原理的"结论先行"和"归类分组"特点。当你遇到一些需要临场发挥的情况时，它们就能派上用场。比如，参与一场项目讨论会时，上司突然随口问你有什么想法，这时你不可能把 5W2H 一个个写下来，列成金字塔原理的结构，然后对上司说："稍等，我先将思路写下来再回答你。"在遇到这种突发情况时，你的脑海中要有一个简易的 2W1H 和金字塔原理的思考模型，然后你就可以按照顺序，分条把自己的想法说出来。这个思考模型如图 4.5 所示。

图 4.5　简易的 2W1H 思考模型

脑海中有了这个模型之后，如果再遇到上司在开会时突然问你的想法，你就可以从容地回答："首先，为什么要做这个项目？是因为 1……，2……，3……，刚刚听同事介绍，目前项目情况是 1……，2……，3……，所以我觉得我们接下来的行动可以是 1……，2……，3……。"这样按照顺序说完，你的发言内容完整，有理有据有行动，而不会大脑一片空白。

脑海中的模型并不是看了书就会使用，而是需要大家在日常生活中多多练习，形成结构化的思维定式。

比如，你在看新闻或者微博热搜时，可以多问自己：如果我是新闻主角，遇到这种情况我会怎么办？原因是什么？从而让自己形成结构化的思维定式。这样在应对突发情况的时候，就会游刃有余。如果平常不练习，或者不够关注业务，哪怕脑海中有 2W1H，也无法说出任何理由。所以只有形成结构化的思维定式，同时勤加练习并保持对业务的关注，你才能通过工作会议上的发言脱颖而出。

（2）第二步是回答问题。

明白如何提问后，更重要的是回答问题。前面说过，回答问题是为了引发新的疑问。所以回答问题不仅要回答已有的问题，在回答的同时还要向对方传递他们不知道的新的结论，而这个结论会使对方提出新的问题，于是你又继续解答新的问题。思考所有新的问题并给出答案，再循环以上两个步骤，直到所有问题都解决了为止。这样金字塔原理的结构也就搭建完成了。

需要注意，你的回答必须是结论，且符合"以上统下"和"结论先行"的原则。

每一个答案本身就是一个结论。比如，公司在一次小红书推广活动之后，发现达人"种草"的转化率效果不佳，投放组给出的解释是：达人制作的内容和粉丝的随机性波动很大，投放效果可以提高，但是不可保证。你需要将这个结论传递给上司。这时候你应该怎么办呢？你需要提前想好告诉上司这个结论的时候，他会问什么问题。他一定会问：为什么不可保证？如果确定不可保证，那么接下来的问题很可能是：怎么提高投放效果？根据这两个问题，我们可以用自上而下地提出疑问并回答的方式搭建金字塔原理的结构，如图 4.6 所示。

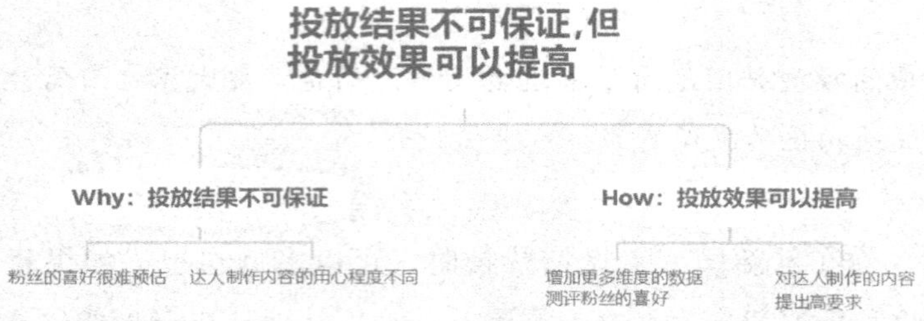

投放结果不可保证,但
投放效果可以提高

Why: 投放结果不可保证   How: 投放效果可以提高

粉丝的喜好很难预估　达人制作内容的用心程度不同　　　增加更多维度的数据　　对达人制作的内容
　　　　　　　　　　　　　　　　　　　　　　　测评粉丝的喜好　　　　提出高要求

图 4.6　"投放结果不可保证，但投放效果可以提高"金字塔原理的结构图

在以上案例中，大家需要注意两点。

① "结论现行"指的是问题的回答是一句结论，告诉别人最关心的话。而不是"投放结果原因分析""投放结果提高框架"这样没有回答问题的内容。因为只有结论才能引发新的疑问，而不是 ×× 框架、×× 分析、×× 介绍这样的词。

② "以上统下"指的是上面的问题引领下面的回答，而下面的每一个回答也是对上面问题的回复。这样的思路才足够清晰并具有说服力。

举例

回答的时候没有结论

很多人在刚开始用金字塔原理的思维模型进行思考的时候，容易出现这种情况：按照 2W1H 设计了问题，但是在回答的时候，却没有结论。

我们经常会看到这样的 PPT，目录如下。

（1）×× 产品介绍（What）。

（2）×× 产品分析（Why）。

（3）×× 产品购买渠道（How）。

但如果是一个"结论先行""以上统下"的结构，那么该 PPT 的目录就会变成如下形式。

（1）×× 产品是你显瘦的最佳选择（What）。

（2）×× 产品与竞争对手相比优势明显（Why）。

（3）××产品线上、线下均有销售（How）。

在营销活动中，通常会使用很多模型，当使用模型进行分析的时候，"结论先行"和"以上统下"原则也同样适用。比如，在分析一个产品时，你运用了营销学中经典的4P理论作为分析模型，虽然这个模型非常好用，但是模型本身没有结论，只是一种思维方式，你在运用模型的同时，需要把4P理论中的"产品、价格、渠道、促销"转变为这次产品分析的结论。也许你原本的4P理论分析模型如下。

（1）产品：产品介绍。

（2）价格：价格分析。

（3）渠道：渠道管理。

（4）促销：促销流程。

应用"结论先行"原则之后，新模型如下。

（1）产品：产品质量提高，增加更多功能。

（2）价格：价格下调，提高性价比。

（3）渠道：从分散渠道转为集中渠道，单点突破。

（4）促销：促销简单直接，明确利益点，降低门槛。

改变之后，产品分析报告就能非常清晰地展示你想使用的策略，继而引发新的问题，如为什么要提高产品质量？现有质量不过关吗？为什么渠道要单点突破，而不是全渠道突破？而每一个新的层级都需要结论来回答。

模型没有结论，只是一个框架，有了结论，你的策略才算真正形成。建议大家在运用金字塔原理的时候，将第3章介绍的常见活动模型运用到原理中，这样就可以在金字塔的顶端就将每一个目标划分清楚，再填入问题和答案，防止思考中产生错位。只有保证各个层级的答案都是对应的结论，才能把复杂的方案表述清楚。

所以各层级的问题都需要以结论的形成展示，这样才能保证在最短的时间内把问题说清楚，但是当你习惯"结论先行"时，你会发现这是一个效率非常高的方法。

曾经有一段时间非常流行"电梯法则"，就是如何在 30 秒之内把一件事情说清楚，从而说服你的投资人或者老板。如果你能够熟练运用"结论先行"原则，"电梯法则"对你而言会非常简单。你会发现任何事情，无论多复杂，经过这样的拆解之后，都可以在 30 秒内说清楚，并且还可以在其中融入你自己的观点。刚开始这样做时，你可能会感到吃力，但是在刻意训练之后，这种能力会有很大的提升。因为你的表达能力和逻辑思维能力会得到很大的提升，在工作中，在短时间内清楚地说明自己的观点，是节约公司时间、提升工作效率的重要能力，可帮助你在职场中脱颖而出。

而在营销活动方面，这种能力也能大幅度提升你对整个项目的掌控能力。因为你是整个项目的负责人，所以项目从上到下的问题，你都必须思考清楚，并且能解答大家对你提出的各个方面的疑问。比如，上司会更看重 KPI，其他协同部门会在意他们的工作量和项目能给他们带来什么好处，而下属会更在意自己在这个项目中的成绩。当你站在各个角度思考问题之后，会发现回答问题其实是最简单的，因为各个方面的问题，你已经都思考过了。

（3）第三步是以上统下，灵活变通。

开展活动是一种整合多方资源、具有多重目标的行为，所以在写活动策划方案的时候，要灵活设计顶层的问题。比如，你认为做这个活动是为了给产品带来巨大的流量，按照你的思路你可能会将活动如何获取流量写得很清楚，然而你的上级可能更关心这个活动的预算是多少。在他看来，超出了预算根本就无法开展活动，你写那么多如何获取流量的内容没有用。所以这时，可能你需要把三级或者四级的问题提到一级的位置，或者将标题定为：如何在 0 预算的情况下获取巨大流量。

活动策划部门是一个涉及协调多方资源的部门。在同一个活动中，销售部门可能更在意活动能给门店带来多少销量，媒体渠道部门更关心此次活动的声量，公关法务部门会考虑此次活动的风险，而乙方公司可能更在意此次活动的创意及此次活动最终能否成为一个案例并获奖。

很多时候甲乙方的矛盾都来源于此，比如，甲方在意这个活动，能不能给自己带来经济效益。以及 ROI（Return On Investment，投资利润率）是否合适。但是乙方全程都更关注这个活动的创意及话题性，用了几十页 PPT 论述如何将此活动做成刷屏级案例，结果和甲方的需求南辕北辙，最终也无法说服甲方。所以根据不同的需求方，利用 2W1H 分析法对活动方案进行不同的问题设计，灵活变通，才能真正解决对方的问题。

4.4.2　自下而上——概括总结

除了自上而下做分解外，我们还经常会遇到另一种情况，就是手上有大量信息时，应如何得出结论？这种情况就适合用金字塔原理自下而上地做总结。这种方法常常用在没有一个固定答案，需要你在大量信息中找出线索，得出结论的情况下。比如，在做竞品分析时，需要先收集关于竞争对手的足够多的信息，才能尝试推导出他们的策略。再如制订一个新兴品牌的推广策略时，也需要先收集足够多的参考信息，才能尝试推导出此类品牌的传播规律，并确定哪些方案是值得采纳的。而针对个人的职业生涯规划，这种方法也非常有用。又如在写活动总结报告时，一场活动做了很多事情，得出了很多数据，到底做得好还是不好？哪里需要保持，哪里需要改进？这时候就需要自下而上地将信息聚合起来，并得出结论。通过以下 3 步就可以做好自下而上的概括总结。

1. 收集信息

将收集到的信息全部罗列出来。比如，竞争对手新推出了一款茶饮，可以在官方微信公众号上看到这款茶饮是其和《冰雪奇缘》的联名款，包装和饮料的颜色都是蓝色，口味是蓝莓味；接着可以看到其他微信公众号开始发布这款新品的消息，小红书上开始有人发布体验笔记，抖音上有美食博主去探店，门店还有新品的促销活动，商场里开设了冰雪蓝莓快闪店……这时将可以收集到的所有相关信息罗列出来。

2. 分类

将收集好的信息按照一定的分类原则罗列出来，确保同一组的信息都属于同一范畴。分析上面的茶饮新品推广活动信息，我们可以将对其进行分类。

（1）联名款，饮料的颜色、口味和包装都和产品相关。

（2）微信公众号推文、小红书笔记、抖音探店都和线上推广相关。

（3）门店促销活动、快闪店都和线下推广相关。

3. 概括总结

完成了以上步骤，就可以将每个分类概括出一个结论，层层向上概括，在金字塔原理结构的顶端得出最终的结论。基于第二步的分析，我们可以得出竞争对手针对这款新品的推广策略是：结合 IP 打造热点产品，并进行全渠道推广。其结构如图 4.7 所示。

图 4.7　自下而上的金字塔原理的结构

这时，竞争对手的新品推广活动在你脑海中就有一个完整的结构了，并且观点更清晰。当你的领导问你：竞争对手的新品推广活动做的是什么？你不应该说："他们的新品是蓝莓口味的，开设了快闪店，小红书有人发布相关笔记，是和《冰雪奇缘》的联名款……"这样毫无条理的表述让领导也感觉很混乱，你应该先对信息进行自下而上的概括总结，然后给出更有逻辑的回答："他们的新品推广策略是结合 IP 打造热点产品，并进行全渠道推广。新品主要结合正在上映的《冰雪奇缘》，推出的蓝莓味冰沙的颜色和包装都体现了 IP 的蓝色元素；全渠道推广中，线上推广部分投放了微信公众号、小红书和抖音，线下推广部分主要在门店开展了新品优惠活动并在中心商场开设了快闪店。"这样你的领导听完就会对你的汇报有一个清晰的认知。

这就是自下而上地对分散的信息进行概括总结，从而获得新想法的过程。在收集信息、对信息进行分类和概括总结的过程中，应渐渐在众多复杂的信息中厘清问题的主要脉络。特别是做竞品的活动调查时，当收集了很多成功案例并发现了其中的一些共性的时候，就有很大概率找到了事物与事物之间隐藏的联系的关键。

4.4.3　同时使用两种方式

无论是自上而下地分解疑问的方式还是自下而上地概括总结的方式，在现实中往往是同时使用的。比如，当接到一个大型发布会的活动策划需求时，你需要规划线上线下的传播内容及传播节奏。即使目标明确，你仍然需要做大量的调查，如这个品牌历年发布会的主题和形式及行业内头部品牌的发布会的传播活动、主题、表现形式，不然在写方案的时候，就没有信息可以参考借鉴。但是如果没有目标，就很难将这些信息朝着一个目标整合，也很难设立疑问并回答，如发布会的目的是什么？如果目标是线上宣传，那么线下发布会的场地不用很大，主要的人员构成应为媒体和粉丝；但是如果发布会侧重现场氛围的体验或者希望更多的人能体验到产品，那么可能不仅需要较大的场地，邀请的人也不能只局限于媒体和粉丝，还需要招募更多的体验用户。所以这两种方式是同时使用的，无法分开。在上一小节的例子中，在做关于竞争对手的茶饮新品推广的调查时，采用了自下而上概括总结的方式，但是当领导问起来的时候，回答又是自上而下的，先说一级的结论，再说次级的回答。

在活动策划的过程中，最好的模式是先自上而下地搭建一个以目标为导向的框架，然后再自下而上地填充框架。

假设你是一家服装公司的市场部人员，需要在Q2（Quarter2，第二季度）和美妆品牌开展联名活动，设定的目标是通过这次联名活动，让美妆品牌的粉丝了解自己公司的服装品牌并产生购买行为。

在着手之前，运用自上而下的方式搭建疑问和回答的框架。

1. 设想问题

要从消费者的角度设想问题，可以运用 5W2H 分析法，设想 7 个问题。

① What。消费者看到的这个项目是什么？他们关心的部分是什么？我们的目标是什么？

② Why。消费者为什么要买我们的产品？我们的产品可以解决他们的什么问题？

③ Who。消费者是喜欢美妆的女孩？是联名美妆品牌的粉丝？还是被活动吸引的年轻人？

④ When。联名活动仅在 Q2 一个季度开展？还是持续半年？

⑤ Where。线上购买还是线下购买？还是全渠道都可以购买？

⑥ How。怎么做？方法是什么？

⑦ How much。投放多少资源？做到什么程度？

在这些问题中，有些你回答得出来，如目标，可能公司已经拟定好目标，也可能是将上级提出的要求作为目标；此外，Who 也较为清晰，When 也是已经规定好的。但是有些问题可能难以回答，如产品可以帮助消费者解决什么问题？怎么做？方法是什么？这时需要看看其他联名案例是如何做的，从相关信息出发，向上得出结论。

2. 用自下而上的方式概括总结并提供参考、填充框架

（1）收集信息。

基于问题，将活动相关的具体信息罗列如下。

①联名美妆品牌的背景。

②此美妆品牌和其他品牌的联名案例。

③其他的联名案例（主要参考服装品牌和美妆品牌）。

④近期出名的联名案例。

（2）按类目进行概括。

将信息按照类目进行概括，可以用从上到下的方法进行设问，也可以将收集的信息按照逻辑合并。现在我们按照前面设想的 7 个问题，将收集的信息进行分类。

① What。大部分联名形式是什么？回答：联名礼盒。

② Why。消费者为什么喜欢联名礼盒？回答：礼盒更有新鲜感，一个礼盒内有两份产品，性价比高。

③ Who。购买的大多数消费者是什么人？回答：两个品牌的粉丝。

④ When。持续时间？回答：1~3个月。

⑤ Where。从什么渠道购买？回答：调查对象多在线上发售限量款。

⑥ How。怎么做？方法是什么？回答：调查对象的传播路径是×××，线上的投放是×××，线下的推广是×××，UGC活动是×××，新品折扣活动是×××等。

⑦ How much。资金投入预算为多少？产出目标为多少？回答：资金投入预算规模为×××，盈利规模为×××。

根据问题将信息分类后，其他多余的信息就可以直接忽略，因为已经得到了最有用的信息，不要让多余的信息扰乱焦点。

（3）概括总结。

上述问题都有了答案，现在对这些答案进行概括，可以得出以下3个结论。

①联名形式、购买形式：持续1~3个月发售联名礼盒，采用线上限量发售的形式。

②传播重点：以线上发声渠道为主，以线上互动、线下折扣为辅的传播形式。

③控制投入、产出。

概括总结之后，方案的框架就清晰了。接下来把内容主题、文案设计、投放渠道及KOL名单填入框架，一份完整的活动策划方案就完成了。

所以，制订活动策划方案时，应该先自上而下地确定活动背景和目标；再自下而上地将零散的信息收集起来，按照目标，概括总结出框架；最后从用户和目标的角度出发，将活动的主题内容填充进去。这个顺序也可以根据你的习惯进行变化，如先自下而上地做调查，再分析总结出目标，最后自上而下地将活动策划方案的框架搭建出来。总之，这两种方式是同时使用的，因为概括总结、提问回答都是基础的思维模式。

另外再介绍一下如何确定填充框架的主题内容，步骤如下。

（1）确定目标受众，基于我们希望目标受众产生什么行为或改变来确定主题。

（2）基于这个主题进行发散性思考并记录下这些内容，最后将这些内容收集起来并进行筛选。

（3）找出最有用的内容。

这个内容就是活动的主题。下面还是以上文的服装公司和美妆品牌的联名款为例。

我们希望这个买到联名礼盒的年轻女生怎么使用我们的产品呢？比如这个女生可以穿我们的衣服，并搭配某个妆容来体现开学时自己的好气色。礼盒主题积极一点的话可能是充满元气的套装，乖巧一点的话可能是很可爱的套装等。当然，礼盒主题也可以和春季的季节特点结合，冬天过去，女生在春季可能都会选择更轻薄的穿搭，我们也希望礼盒可以满足她们的需求。于是，礼盒的主题如果直接一点则可能定为小仙女套装，如果想文艺一些则可以定为莫奈的花园套装，想要可爱一点则可以定为花间精灵套装。还可以在这些基础之上延伸出更多的主题，但是背后的思路是一样的，最后根据需求，选择一个最合适的主题即可。

现在，大家对纵向逻辑层次已经有了一个清晰的认知，但光是这样还是不够的。对于完成一场活动策划来说，只进行归类、总结、概括等让结构变得清晰还不够，还需要将活动中的每一个环节进行逻辑的串联，才能保证不会出错。第 5 章将介绍如何排列出这些环节的横向逻辑顺序。

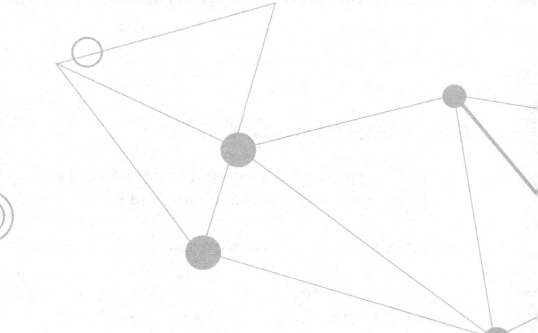

第 5 章

活动策划中的横向
逻辑顺序

通过第 4 章的内容，我们知道在制订活动策划方案的初始阶段，可以运用金字塔原理结构中的"以上统下"和"结论先行"原则厘清方案的框架及思路。金字塔原理主要有 4 个基本特点，除了纵向结构的"以上统下"和"结论先行"，还有横向结构的"逻辑递进"及"归类分组"，也就是说，要分析某些信息要素应属于什么类别，它们之间是否存在逻辑顺序。

我们在工作的时候可能经常遇到这样的现象，就是两份活动策划方案的结构相同，但是一份可能还没汇报完就被叫停，而另一份的汇报就非常顺利。特别是有时候乙方比稿，在面对比自己更了解公司的甲方时，有些乙方可以侃侃而谈，并在结束之后很快获得甲方的认可，而有些乙方则不行，这是为什么呢？

很多时候可能方案的结构是正确的，但是里面的逻辑是有问题的，逻辑有问题不仅会使你在汇报的时候让对方频频皱眉，更容易使你在真正执行项目的时候，和最终目标背道而驰，从而导致营销活动收效甚微。

5.1　横向结构的逻辑论证方法

在写论文的时候，会用到很多不同的分类方法，但是在活动策划方案的制订中，只需要用到两种最基本、最实用的论证方法：演绎论证和因果论证。

5.1.1　演绎论证——保证活动结果没有偏差

演绎论证是由一般原理出发，推导出关于个别情况的结论的推理方法。最常见的形式是三段论：大前提，小前提和结论。三段论的推理形式如下。

大前提：M 是 P。

小前提：S 是 M。

结论：S 是 P。

即凡是 M 类的事物都具有 P 的特点，S 属于 M 类的事物，所以 S 也具有 P 的特点。如大前提为动物都是会死的，小前提为 ×× 是动物，则结论为 ×× 会死。

演绎论证是由亚里士多德提出来的，它是逻辑学发展的关键一步，也是人类思考模式的重要组成部分。我们可以将演绎论证运用到金字塔原理的横向结构中。演绎论证是一个自下而上的过程，通常我们需要先明白大前提是什么，再了解小前提是什么，之后得出结论，并最终概括出活动的中心思想。

大前提：淘宝直播很"带货"。小前提：李某琦淘宝直播。结论：李某琦很"带货"。

再如，很多乙方在提案的时候，都会附上自己曾经做的案例，其也是想通过演绎论证来告诉甲方选自己没错。大前提：我们做的活动都很成功。小前提：你们的活动给我们做。结论：你们的活动会很成功。

当进行活动策划的时候，我们面对的其实都是很多的小前提。

在开展跨界合作的时候，具体和哪个品牌合作；在投放 KOL 的时候，我们具体要投放哪个 KOL，这些小前提都具体到了特殊的个体上。所以我们必须知道这些小前提的大前提是什么，才能推导出这样做能否达到我们想要的效果。这就体现了前期调查工作的重要性。如果公司想做一个跨界品牌活动，那么应该和哪个品牌进行跨界合作呢？搜集资料以后发现一个大前提，很多品牌和大白兔的合作案例的热度都很高。于是推导出小前提：我们和大白兔合作。最后得出结论：我们和大白兔合作，热度也会很高。

在筛选 KOL 的时候也可采用类似的方法。

大前提：这个 KOL 在美妆视频里推荐过的护手霜都火了。小前提：在这个 KOL 的美妆视频里植入我们的护手霜。结论：我们的护手霜火了。

熟练运用演绎论证，找到大前提及对应的小前提，可以更准确地得出我们的结论。但是演绎论证的大前提必须是正确的，因为大前提都是一些一般性的原理、基本规则、行为规律等，只有在大前提正确的前提下，才能保证小前提和结论的正确性。但是在实际的营销活动中，大前提的正确性是很难保证的。

某动画片非常火，在那段时间，和该动画片 IP 合作的产品的销量也跟着水涨船高，仿佛什么都阻止不了大家对这个动画片的喜爱。这确实是一个大前提，但是在 2019 年，好像很少有人再提起这个动画片了。如果你在 2018 年年末和该动画片合作，而产品却在 2019 年上市，那么这场合作很有可能对产品销量没有太大的帮助。因为这里在确定大前提时忽视了一个变量，那就是 IP 的生命周期。

所以这里的大前提——和这个动画片联名的产品热度都很高，就不是正确的大前提。

营销中很难有绝对正确的大前提，我们在前期收集信息的时候，必须尽量将变量信息组合起来，让我们的大前提尽量接近正确，从而保证小前提及结论尽可能也接近正确。很多甲方会为了与其他品牌区分而打造不同点，或者太过注重自己品牌想要传达的东西，从而将 KOL 视频中原本植入的内容进行了大量的修改，这种情况相当于小前提和大前提之间已经有了偏差，也容易导致结果不尽如人意。所以前期做好数据调查，保证大前提接近正确非常重要，同时，应确保小前提不和大前提产生偏差，以保证结论的正确性。

当然，演绎论证除了运用在营销活动中，也可以运用在汇报工作、提案和商业谈判中。

只要你让对方认可了你大前提，接下来你讲述小前提和结论时就会非常顺畅。然而通常情况是对方很容易认可大前提，因为大前提几乎都是一些共识，如最近的刷屏级案例、经济大趋势（引用官方公布数据）、行业现象等。大前提得到对方认可之后，对方会非常愿意听完你接下来要讲的小前提及结论。相反，如果你一开始就抛出一些可能和对方认知相反的意见，那么对方可能还没听你说完就已经心生抵触，从而导致沟通难以进行，方案被否决。

5.1.2　因果论证——最常用的复盘逻辑

因果论证是最常用的方式，在第 4 章介绍背景的时候其实已经介绍了

2W1H 分析法。就算是没有学过金字塔原理的人，也会使用这种形式，比如，小时候你的英语成绩差，老师和家长就会问你"为什么单词背少了"并让你接下来每天背 20 个单词。在我们的生活中，"现象—原因—解决方案"的逻辑几乎是自然运作的。为什么如此常见的逻辑，还要单独拿出来说呢？因为大家虽然会很自然地思考事物的因果关系，但并不是每个人都能把因果论证的归类做好。因果论证其实是一种归类方式，它可以通过是什么、为什么和如何做这 3 点来支持你的论点。因果论证除了在策划中使用，还经常用于复盘。

一家公司不可能只做一场活动策划，所以每一场活动结束之后，都需要复盘，总结上一场活动的情况和数据，分析出现的问题及其原因，并在下一场活动中改进方案。因果论证几乎可以用于每一次复盘。

比如，在一场新品推广活动结束之后，新品的销售量并没有达到目标。这是一个最核心的现象，除此之外，还会有其他现象，如投放曝光数据很高，但实际上新品无人问津；门店销售人员向顾客推销新品，而顾客还是选择旧款。我们可以先把这些问题并在"现象"中。

1. 现象（What）

第一级：新品销售量不如预期。

层级 1：线上投放曝光数据高，但询问新品的顾客少。

层级 2：门店顾客依然选择旧款。

针对此现象，我们需要对线上投放情况进行分析，是否是因为投放的渠道和新品的特点不匹配，或者投放了有水分的账号，导致数据虚高。我们也需要在线下门店走访，询问顾客为什么不选择新品，同时和一线销售人员当面沟通，询问大部分顾客不愿意购买新品的原因，并进行总结。

2. 原因（Why）

第一级：线上宣传不到位。

层级 1：线上投放渠道与新品特点不匹配。

层级 2：投放的账号存在刷数据的情况，导致数据虚高。

第二级：产品价值感弱。

层级 1：价格问题——顾客表示新品价格太高。

层级 2：功能问题——顾客表示并不需要增加的功能。

因此，新品销量未达预期目标的原因结构图如图 5.1 所示。

图 5.1　新品销售量未达预期目标的原因结构图

3. 根据原因提出下一次活动的改进方法，即行动（How）

第一级：线上宣传到位。

层级 1：在投放之前做更多的目标用户调查，让渠道和新品的受众匹配度更高。

层级 2：存在刷数据情况的账号全部拉入黑名单，不再使用，并优化 KOL 投放制度，将粉丝活跃度和前期测试数据结果纳入投放标准。

第二级：提高产品价值感。

层级 1：新品价格可与旧款持平，不要高出太多。

层级 2：前期可提供更多折扣优惠，降低尝新门槛。

层级 3：研发新品前，进行更多的市场调研和研发投入，为顾客提供价值感更强的功能。

经过梳理，既可以保证思考的全面性，又可以逻辑清晰地呈现改进方法。对方看后即可明白在下一次的新品推广中，哪些方面应该改进和提升。改进方法结构图如图 5.2 所示。

图 5.2　改进方法结构图

活动策划：
流量获取 + 经典模型应用 + 销售转化 + 品牌塑造

在使用因果论证时，要注意区分现象和原因这两个不同的概念。在实际的工作中，人们很容易把现象和原因混为一谈，还没有分析就直接开始行动或者策划。

一家公司的微信公众号这个月只新增了 23 个粉丝，但是以往每个月的涨粉量都在 7 000~8 000。这时如果只凭主观臆断就直接问责微信公众号的负责人，这种做法其实是非常不恰当的，我们需要知道为什么这个月的粉丝涨幅非常低。于是了解到原来这家公司的微信公众号绑定了会员系统，平时门店的店员会推荐顾客入会，而顾客必须先关注公司的微信公众号，才能注册成为会员。所以平均每个月有 7 000~8 000 个入会会员，但是这个月由于门店运营部的一些问题，门店没有招募会员，所以微信公众号涨粉异常。了解到这个事实后，领导应该询问负责管理会员的员工以及负责运营的什么时候能恢复招募会员的活动，而不是问责微信公众号的负责人。

在活动项目执行的时候，往往环节较多，所以也很容易将现象和原因混为一谈。

一个线下的快闪店活动，在它的复盘结论没有达到预期目标的前提下，"原因"和"改进方法"的内容如下。

1. 原因（Why）

①来快闪店活动现场的人较少。
②参与互动的人较少。
③现场工作人员没有做好相应的顾客引导工作，工作积极性不高。

2. 改进方法（How）

①增加快闪店的人数。

②增加互动项目。

③加强员工培训。

这场复盘的原因及改进方法结构图如图 5.3 所示。

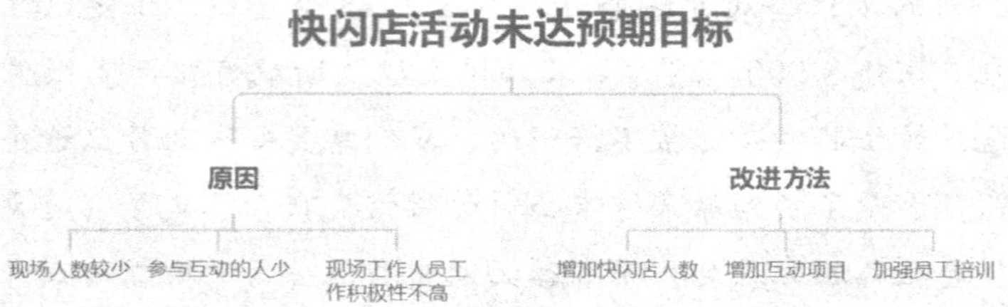

快闪店活动未达预期目标

图 5.3　原因及改进方法结构图

这种复盘就是非常典型的把现象和原因弄混了的情况，从而导致改进方法出现了偏差。经过进一步分析，修改后的版本是这样的。

1. 现象

第一级：参与快闪店活动的人数较少。

层级 1：周围观望的人较多，真正进入快闪店的人很少。

层级 2：顾客进入快闪店以后匆忙离去，不参与店内的互动游戏。

层级 3：在快闪店内拍照的人几乎没有。

2. 原因

第一级：快闪店设计欠佳。

层级 1：快闪店设计非常封闭，入口狭小，大部分人不知道如何进入快闪店。

层级 2：快闪店的互动游戏非常复杂，奖品价值感很低，导致顾客不愿意参与，员工也不愿意积极引导。

层级 3：没有设计专门的拍照点，导致无人拍照，更无人发朋友圈进行二次传播。

3. 改进方法

第一级：全面优化快闪店设计。

层级 1：开放式的空间，以便顾客参与。

层级 2：降低互动游戏门槛，设计更简单的游戏规则，并设置价值感更高的奖品。

层级 3：在快闪店内留出专门的拍照点，供顾客拍照以进行二次传播。

快闪店活动改进方案如图 5.4 所示。

图 5.4　快闪店活动改进方案

修改后，可以清晰地看出在第二次快闪店活动中，前期设计部分应该进行怎样的调整。如果不进行改进，可能增加再多的互动游戏和员工培训活动，也不会取得更好的效果。

所以现象和原因一定要分开，在复盘的时候分清楚哪些是现象，哪些是原因，才会对以后的工作真正有帮助。

最后，现象、原因和改进措施，要完全遵循金字塔原理，也就是需要一一对应。不要写了 3 个原因，但接下来写的改进措施和这 3 个原因一点关系都没有，或写的改进措施的顺序和原因的顺序不对应，这样对方不知道到底哪个措施对应哪个问题。如果在汇报、开会的时候出现这种情况，常常会给人一种你思维很混乱的感觉。更糟糕的是对方也不清楚你的建议是否真的能解决这些问题。所以在思考过程和方案中，要将现象、原因和改进措施一一对应，假如写了 5 个现象，就要挨个分析 5 个现象对应的原因，最后给出对应的 5 项改进措施。之前介绍过的例子全部都遵循着这个标准。

其实这种思维不仅在活动策划和复盘中有用到，在生活和工作的方方面面都可以使用，如面试、跨部门沟通、汇报工作、提案、会议讲话、商业谈判等。

5.2　如何归纳更清晰

我们在现实中会遇到一些我们认为厉害的人，他们无论面对多么复杂的事物，都能一下子抓住重点并进行精准的分析。与普通人不同的是，厉害的人会运用金字塔原理看待事物，并且能用很多成熟的模型和方法论对事物进行分析。

我们遇到一个事物时，所面对的信息和数据通常是混乱且无序的，这些信息和数据在无序状态下，是无法为我们的决策提供帮助的。横向归纳可以帮助你将混乱、无序的信息和数据变得有序。当信息和数据变得有序时，它们就成了决策的工具，可以让我们很快清楚信息是什么，以及该如何做决策。同时，归纳也是思考和表达的基础方式，其非常符合人类的思考习惯，人类的大脑具有自动将某种具有相同特点的事物进行归纳组织的能力。

生活中的现象

我们在生活中可以看到各种归纳现象，如商场里的服饰区、餐饮区，书店里的小说类、历史类等，可以说归纳非常符合人类大脑的思考方式。归纳也可以让你的记忆力变得更好。有人给你讲述一部电视剧的剧情时，采用这样的方式：第一集……，第二集……，第三集……，第四集……你一定会忍不住打断他，问他这部电视剧到底讲了什么？那么多集的内容，根本记不住。人类的大脑不善于接受冗杂的信息，当大脑需要处理的信息过多时，我们就会感觉记起来很吃力，所以必须按照逻辑将信息归纳到不同的范畴中，以便将其记住。所以你表达的时候，可以说："我认为解决这个问题主要有 3 种方法。"你说完之后，对方至少可以复述出 2 点，因为对方在你说话的时候，大脑已经按照你的说法对信息进行了归纳，因此对方可以记住 80% 你所表达的信息。

归纳也是一种将隐性经验转变为可复制、可传承的显性智慧的方法。

某公司需要每个月通过全国门店一共新增 10 000 个以上的会员，每个门店的销售人员都有将进店的顾客转化成会员的任务。那该如何将顾客转化成会员呢？

这时你从数据中看到其中一个门店的会员数据远远高于其他门店，于是你去问门店的销售人员："请问你们是怎样做的呢？"

该销售人员说："我会在顾客购买产品以后向顾客讲解加入会员的好处，顾客不买产品我也会让他扫收银台台卡上的二维码注册，先领优惠券。他不想注册的时候我也不会强迫他。我会给他看我们赠送给会员的礼品，并向他说明成为会员即可得到优惠券。我总是面带微笑地看着顾客，即使顾客最后没有成为会员，我也会递上会员宣传册。"

所以听完以上这段话，你知道这个门店是如何让顾客变成会员的吗？是不是听完后脑海中还是一片混乱？但是通过归纳，我们可以整理出以下内容。

（1）门店陈列：收银台台卡、会员权益小册子。

（2）会员权益：会员优惠券、会员礼品。

（3）销售态度：微笑面对，即使顾客不成为会员也会为其送上会员宣传册。

招募会员结构图如图 5.5 所示。

图 5.5　招募会员结构图

归纳之后，我们就更清楚对方想说什么。但是这样的归纳方法，其实对其他门店的帮助也不是很大，因为他们也有门店陈列和会员权益。那该如何帮助他们呢？我们试着按照时间流程分类归纳。

（1）顾客购买产品之前：引导顾客注册会员并领取优惠券，促进产品销售。

（2）顾客购买产品之后：介绍会员权益并赠送会员礼品，引导顾客注册会员。

（3）顾客没有成为会员：赠送会员宣传册，期待下次注册。

（4）全程：微笑面对。

我们将以上内容按时间流程划分之后，就可以清楚地知道在顾客进店以后，销售人员应该在顾客的每一个行为阶段如何引导其注册会员。之后我们可以据此制作引导流程图，发给所有门店，告诉每一个店员如何最大化地将进店顾客转化为会员。这就是通过归纳，将隐性经验转变为可复制、可传承的显性智慧的方法。

了解了归纳的重要性之后，接下来的内容将主要介绍活动策划中的 3 种归纳顺序：时间顺序、结构顺序、重要性顺序。

1．时间顺序：最常用的顺序

时间顺序是活动策划中最常用的顺序，在执行项目的时候，我们总会听到老板问项目进展得怎么样了。在活动策划中，如果我们想要得到某个结果，必然需要先完成一系列的步骤和行动，而这些步骤和行动是按照传播节奏的时间顺序排列的。在最初的活动策划方案中，我们需要将计划好的传播步骤按照不同的目标和一定的时间顺序进行排列，如预热期、爆发期、余热期。

在项目进展或者阶段性汇报中，我们要将做的事情按照时间顺序排列到计划中，如过去一个月我们的项目进度如何，目前的状况如何，未来一个月希望项目进行到哪一步。在项目结束时，也要用时间顺序排列事件，如总结上一个项目的情况，分析目前的情况，以及制订下一次的改进方法和计划。时间顺序是运用在活动策划的方方面面的。特别是在活动进行中，按照时间顺序归纳的能力就是项目把控能力。随时运用时间顺序归纳，清楚了解项目本周进行到哪一步了，这周的工作及下周的计划是什么，是活动策划者的必备技能。

2. 结构顺序：将整体划分为部分

按照结构顺序划分出来的部分并没有时间上的先后之分。按照结构顺序归纳是指将一个整体划分为不同的部分，也就是形成一个总分的结构。

营销活动的重点看似是一个大的概念，其实可以分为内容和渠道，而内容可分为创意图片、文字、视频等，渠道可分为线上渠道和线下渠道等。这种将整体划分为部分的方法可以在活动之初就将需要做的一件毫无头绪或者很空泛的事情，落实到具体的一个一个的小步骤上，然后通过完成每一个小步骤来完成整个项目。比如，制订一个新品牌的推广策略时，我们就需要将品牌分解成不同的维度。品牌层面可分为目标受众、品牌风格、视觉传达、文案内容等。产品层面可分为产品性能、产品包装、产品价格、售卖渠道等。竞争环境可分为竞品人群、竞品风格、竞品特点等。

由此可以看到，当包装一个新品牌的时候，我们需要从内到外、从上到下地将品牌不同维度的局部特点列出来，然后逐一确定，最终完成品牌包装这个大目标。而这就是结构顺序。

3. 重要性顺序：平行类比

重要性顺序是指事物按照重要程度排序。广告公司给甲方提案的时候，通常一个方案会包含不同的部分，这些部分会按重要程度排序。比如，先解决甲方最关心的核心问题，再解决次要问题，最后解决人员分工等一些细节问题。活动策划经常需要遵循重要性顺序的原则，比如，老板最关心一场活动的投入产出比，所以首先把 ROI 写在第一页，接下来是如何解决核心问题，再往后是执行步骤，最后是时间表或者人员分配表。

同一件事情可以用多种方式进行归纳，也可以只按照一种方式进行归纳。

归纳方式多种多样，没有哪种方式优于其他方式。但是如何归纳会体现出一个人如何思考甚至能体现出他的价值观。从企业的架构分类、各个部门的职能或者业务单元等，就可以看出企业管理者的价值观甚至是企业未来战略的方向。

在活动策划中，归纳通常也是体现大家对关键问题及目标的看法是否一致的重要元素。每个人看待事物的方式不同，归纳的方式也会因人而异。

具体选择哪种归纳方式，要具体情况具体分析，但是在归纳过程中，要尽量避免归纳方式的交叉使用。在一组事物或者一个策划方案中，应只使用一种归纳方式，如果交叉使用，则会让这组事物或这个策划方案的内容变得非常混乱。横向结构的作用就是使内容符合逻辑递进原则，所以在归纳的过程中，要保证在一组事物或一个策划方案中运用的是时间顺序、结构顺序、重要性顺序中的一种，而不是多种归纳方式交叉使用。

如果一个活动策划方案的前两个部分是按照重要性顺序归纳的，最后一个部分却是按照结构顺序归纳的，则会使该方案非常混乱，并且不符合逻辑递进原则。在活动策划中，如果第二级是按照结构顺序归纳的，且分为传播内容和传播渠道，那么在传播渠道的单独次级中，可以加入时间顺序。如传播渠道按时间顺序可分为：预热期使用自媒体，爆发期使用全平台 KOL 投放，余热期使用网站公关稿，如图 5.6 所示。

图 5.6　传播渠道示意图

活动策划：
流量获取＋经典模型应用＋销售转化＋品牌塑造

而不能把这些内容都放在第二级并分成传播内容、传播渠道、预热期、爆发期、余热期，如图 5.7 所示。

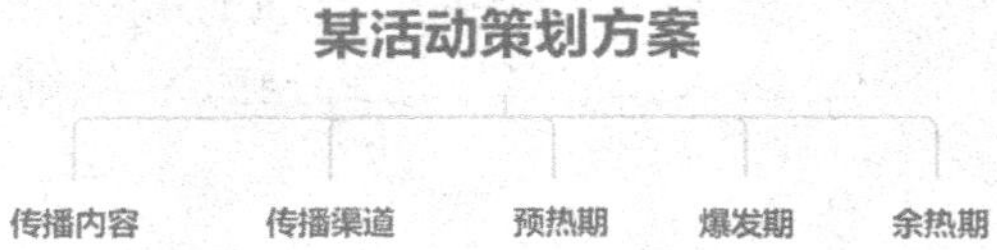

某活动策划方案

传播内容　　传播渠道　　预热期　　爆发期　　余热期

图 5.7　某活动策划方案交叉使用多种归纳方式的结构图

在归纳时要确定分组的前提是什么，想好一组事件或一个活动策划方案用这 3 种归纳方式中的哪一种。

5.3　分类中的 MECE 原则

MECE 原则（Mutually Exclusive Collectively Exhaustive，"相互独立，完全穷尽"原则）是金字塔原理的核心，当信息冗杂、烦琐的时候，可以使用 MECE 原则将信息重新分类，让信息变得清晰且全面。当信息变得清晰之后，思路自然也会清晰起来，再得出结论，指导行动，这样行动就会轻松很多。而如果没有使用 MECE 原则，面对杂乱的信息时，就很有可能做出错误决策，或者思路出现偏差。

5.3.1　MECE 原则保证分类时把事物分清、分尽

虽然大家都明白分类时应该用同一种分类方式，但在实际操作中却不容易做到这一点。

在《金字塔原理》一书中，作者提出了一个非常重要的原则——MECE 原则，该原则是指对于一个复杂的活动策划方案，使要做的每一项分类互不重叠，也不遗漏，并且在分类中，要分清主次，把握住核心问题和大方向。

"相互独立"的意思是在不同的细分类别中，每一项类别之间都有明确的区分，没有重叠和交叉；"完全穷尽"指的是在每一个类别中项目细分要彻底，要分到不能再分为止。所以分类的时候使用 MECE 原则，每一

个类目就可以分得清晰又全面。当然，"完全独立"可能只是一个相对理想的状态，总有一部分项目会被遗漏，但是我们应尽可能想得全面且仔细。这在活动策划中尤其重要，活动由非常多的细节组成，偶尔甚至会出现一个细节决定成败的情况。所以我们可以运用 MECE 原则，尽量全面考虑活动的细节。

假设你的团队正面临一个某节日新品推广的问题，目标是提高某节日期间的产品销售量，团队提出了以下方案。

①扩大线上宣传。

②加强线下门店的节日氛围。

③自媒体结合节日推送文章。

④延长产品折扣时间。

提高销售量方案结构图如图 5.8 所示。

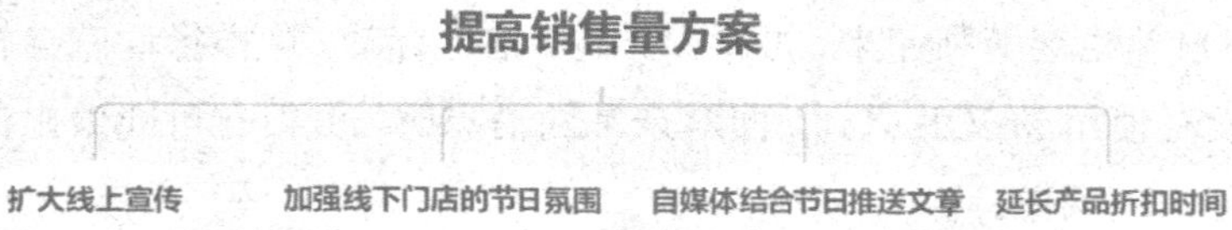

提高销售量方案

扩大线上宣传　　　加强线下门店的节日氛围　　　自媒体结合节日推送文章　　延长产品折扣时间

图 5.8　提高销售量方案结构图

在这 4 个分类中，第 1、2、4 类都是并列的关系，但是自媒体结合节日推送文章属于扩大线上宣传的一个子类别，二者是被包含与包含的关系，不是并列的关系。所以以上 4 类并不符合 MECE 原则中的"相互独立"原则，这样的分类就较为混乱。重新按照 MECE 原则整理这个方案，就得到以下分类。

（1）扩大线上宣传

①自媒体结合节日推送文章。

②增加 KOL 投放数量。

③增加朋友圈广告投放数量。

活动策划：
流量获取 + 经典模型应用 + 销售转化 + 品牌塑造

（2）加强线下门店的节日氛围

（3）延长产品折扣时间

提高销售量方案修改后的结构图如图5.9所示。

图5.9　提高销售量方案修改后的结构图

重新分类之后，这个方案就清晰多了。先做到所有的内容都是"相互独立"的，之后还必须确认与这个内容有关的问题和事项已经完全覆盖了（"完全穷尽"）。

MECE原则让我们思考问题时不仅有大局观，还能关注到每一个类别的细节，拥有非常系统的全局思维，看待问题更加清晰全面。

5.3.2　MECE原则拓宽思路

MECE原则不会直接给你答案，但是会引导你将事物的方方面面都考虑到。

假如你现在遇到一个难题：公司给你的营销预算非常低，但是同时又要求你提升餐厅的主推套餐销量。由于营销预算有限，可能不能同时做很多市场活动，但也不是不能解决，你想出了很多方案。

预算有限的情况下，方案如下。

①给予在这段时间内主动向客户推销主推套餐的员工一定的奖励。

②推出主推套餐的打折优惠券。

③购买小礼物，只要顾客消费套餐就赠送礼品。

④和其他跨界品牌合作，互相宣传。

⑤邀请本地居民来餐厅体验并要求其发朋友圈。

⑥投放大众点评的广告位。

⑦投放餐厅附近的公交站、地铁站广告。

看起来可以选择的方案有很多种，但是因为比较乱，所以到底选择哪个方案比较难判断。接下来我们可以用 MECE 原则将这些想法进行整合。首先，明确做这些营销活动的目的是提升主推套餐的销量，然后根据这个目标确定我们有多少种方案。用 MECE 原则分析后可知，目前大概有两种方案，即餐厅内部方案和餐厅外部方案，但是目标都是让顾客多点主推套餐，由此分类如下。

1. 提升主推套餐的销量

①餐厅内部方案

②餐厅外部方案

我们继续向下分解，首先我们将之前想到的几点纳入餐厅内部方案中。

2. 餐厅内部方案

①给予在这段时间内主动向客户推销主推套餐的员工一定的奖励。

②推出主推套餐的打折优惠券。

③购买小礼物，只要顾客消费套餐就赠送礼品。

除了以上 3 点，还有其他内容吗？餐厅门口的展板、窗贴海报是否要增加更多与主推套餐有关的内容？台卡的套餐相关信息是否要更新？所以我们还可以在这个方案中加上以下这条新内容。

①在餐厅门口的展板、窗贴海报和台卡上增加主推套餐的广告。

还有吗？接着想，是否会员积分也可以用上？于是又可以加 1 条。

②在限定时间段购买主推套餐，会员可获得双倍积分。

再次问自己，穷尽了吗？或许可以再推出更有创意、更契合现在年轻人特质而且更受他们喜欢的互动活动呢？年轻人喜欢惊喜，那么消费套餐是否可以参与抽奖，每天抽一名直接送 10 000 元现金？

活动策划：
流量获取 + 经典模型应用 + 销售转化 + 品牌塑造

通过分解，仅关于餐厅内部方案，我们就增加了可以操作的营销活动。那对于餐厅外部方案，也可以按照以上的思路，进行层层分解，提出更多的解决方案。

MECE 原则可以帮你把事情想得更清楚、更全面，还能帮你拓宽思路，有些之前没想到的部分，运用这个原则可能一下子就想出来了。之后只需要核对这些方案的投入产出比，删掉超过预算的部分和效果不好的部分，一个针对餐厅主推套餐的推广方案就形成了，并且还能保证在预算内完成。

5.3.3 MECE 原则帮你把握事物的关键

MECE 原则在工作中也能很好地帮助你迅速抓住事物的重要部分。比如，你的下属可能刚毕业没多久，在做报告的过程中说话总是非常绕，其他人听到这样的汇报可能急于打断："你到底在说什么？"但是在时间有限的情况下，你在听的过程中已经将他所说的问题进行了归类，然后就可以直接告诉他这件事他应该如何做。当然，在时间充裕的时候，最好教会下属使用 MECE 原则。当然，在跨部门沟通和上司给你派任务的时候，MECE 原则更能帮助你直接找到问题的关键，让你在工作中脱颖而出。

假如你在做一个官网升级的项目时，设计部门非常不配合工作，经常拖延时间，或者不按照需求设计。这时你去与设计部门的设计师沟通，对方一听到是官网的设计问题，非常不高兴地说："上次设计的你们也没用啊，我们很忙的，不可能那么快给出方案，每次都一直催，我们看文案也不知道你们到底要什么风格，参考图也没有，不知道怎么设计。"设计师一下子反馈了这么多问题，但到底说了哪几类问题？这时候就可以用 MECE 原则来梳理一下。

1. 首先将设计师说的问题列出来

①我们部门上一次没有用设计师的设计。

②设计师很忙，交稿不快。

③我们部门一直催促。

④设计师不明白官网设计需要的风格。

⑤我们部门没有给参考图。

⑥设计师不知道该怎么设计。

2. 接下来用 MECE 原则把设计师不配合的原因进行分类，将同一类原因分为一组

（1）双方沟通不到位造成误会。

①我们部门上一次没有用设计师的设计。（解决方案：为什么上一次没有用设计师的设计？如何避免出现这种情况？）

②设计师很忙，交稿不快。（解决方案：需要设计师告知排期时间。）

③我们部门一直催促。（解决方案：知道设计师的排期时间之后，只需要在交稿前一天提醒他一次，不需要一直催促而引起设计师不满。）

（2）设计内容需求不明确。

①设计师不明白官网设计需要的风格。（解决方案：需要我们给出明确的设计风格，而不是只把文案交给设计师。）

②我们部门没有给参考图。（解决方案：需要给设计师具体的参考图。）

③设计师不知道怎么设计。（解决方案：在给出明确的设计风格和参考图后，这个问题自然就解决了。）

我们用 MECE 原则分析之后，发现虽然设计师提了 6 个问题，但其实核心问题只有两个方面，即沟通不到位和设计内容需求不明确。接着针对核心问题给出解决方案，跨部门工作流程就会顺畅很多，而不要一味地抱怨设计师不配合。

5.3.4 根据 MECE 原则创建 2×2 矩阵模型

2×2 矩阵模型是帮助分析决策的有效工具，在面对复杂问题时使用它能将信息进行有效分类，进而清晰地捕捉到事物的本质。如著名的波士顿矩阵，就是经典的 2×2 矩阵模型。这个模型将销售增长率和市场占有率作为决定产品结构的基本因素，两种因素相互作用，因此出现了 4 种不同性质的产品，并各自有不同的产品发展前景。

销售增长率和市场占有率"双高"的产品（明星产品）。
销售增长率高，市场占有率低的产品（问题产品）。
销售增长率低，市场占有率高的产品（金牛产品）。
销售增长率和市场占有率"双低"的产品（瘦狗产品）。

根据这 4 种产品的性质，波士顿矩阵给出的应对答案如下，该矩阵模型如图 5.10 所示。

明星产品——发展。
金牛产品——保持。
问题产品——收割。
瘦狗产品——放弃。

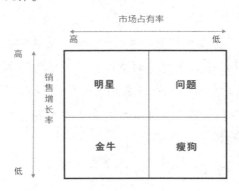

图 5.10　波士顿矩阵示意图

职场人经常用的时间管理矩阵，主要以紧急程度和重要程度两个因素为主，将事物分为 4 个象限，再将遇到的具体事情归类到不同的象限，然后针对不同象限的特点采取不同的解决方案。MECE 原则看上去只是一个帮助分析的模型，并不提供答案，但非常神奇的是，通常将问题归类到不同象限之后，对策也会相应出现。当我们开始熟练地运用 MECE 原则之后，我们可以构建自己的 2×2 矩阵，然后形成属于自己的方法论。

如何构建自己的 2×2 矩阵呢？

这里可以运用著名的二八定律。即在任何一组东西中，最重要的只占其中的一小部分，为 20%，其余的 80% 尽管是多数，却是次要的。所以在面对任何事情和问题的时候，可以找出两个最核心的要素，每个要素又会有对应的两种境地，这两个核心要素和两种境地相互作用，形成 4 个象限，也就是分析现象的 2×2 矩阵。这 4 个象限完全符合 MECE 原则，让我们可以更加清晰和全面地思考问题，在看清问题的同时，也就有了解决问题的方向。

哪些项目是重点项目？

很多企业在年末的时候，都会确定第二年市场营销的重点项目。这个问题涉及的因素非常多，而且参与讨论的人员也都有各自的立场，如果目标不清，就很难讨论出答案。于是我们尝试先把需考虑的最重要的因素提炼出来，如流量和销量，接着画出矩阵。这时候就比较容易理解我们应该怎么做了。如果是流量高、销量高的项目，企业应该加大支持力度。如果是流量高、销量低的项目，可以寻求跨界合作，利用流量带动销量。如果是销量高、流量低的项目，说明产品力强，可以保持。而对于销量低、流量低的项目，可以直接选择放弃。接着我们只需要分析出上一年流量高、销量高和流量高、销量低的项目，就可以知道第二年需要在哪些项目上加大支持力度和寻找跨界合作。这个销量和流量 2×2 矩阵如图 5.11 所示。

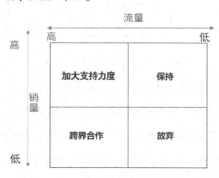

图 5.11　销量和流量 2×2 矩阵

制作出 2×2 矩阵之后，我们就可以将不同的活动策划内容划分到对应

活动策划：
流量获取＋经典模型应用＋销售转化＋品牌塑造

的象限，针对不同象限的内容采取不同的营销措施和手段，在策划的时候，也能更加清晰地审视整个活动的效果和目标。

哪些账号需要重点维护？

现在社交媒体的流量比较分散，一家公司可能需要同时运营多个公司账号，如微信公众号及微博、抖音、小红书、知乎账号等，但是公司的资源是有限的，该如何决定哪些账号应该重点维护，哪些账号可以放弃呢？我们也可以用一个2×2矩阵来分析。快速找出两个重要因素：粉丝活动度、内容制作成本。然后画出矩阵开始分析。

①粉丝活跃度高、内容制作成本高——专人重点维护。

②粉丝活跃度高、内容制作成本低——专人维护。

③粉丝活跃度低、内容制作成本高——放弃。

④粉丝活跃度低、内容制作成本低——维持。

粉丝活跃度和内容制作成本2×2矩阵如图5.12所示。

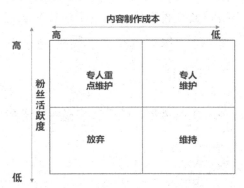

图 5.12　粉丝活跃度和内容制作成本 2×2 矩阵

一个推广任务或者一个营销活动任务难免会涉及很多因素，面对它们时我们可能会一时想不清楚，从而摇摆不定，不知道如何下手，最终陷入混乱中，无法决策。2×2 矩阵模型可以在工作和生活的方方面面为我们提供帮助，如制订工作计划、项目决策、优先次序等。

5.3.5　运用模型进行思考和分析

到现在，我们已经用了几章的内容来讨论如何搭建活动策划的框架，如何自上而下地将任务拆分，如何通过归纳来厘清思路并找出解决方法。这些模型和方法都是前人经过大量研究和实践，最终提炼出来的有效工具。当我们遇到一堆任务或者复杂问题的时候，可以直接套用模型。模型为我们的思考提供了捷径，比如在做市场决策的时候，可以直接运用 4P 理论进行分析。

在导向销售的活动路径设计时，我们可以直接用漏斗模型进行每一个步骤的拆分管理。

越是能够熟练运用模型工具分析问题的人，做出正确判断的时间就越短。会熟练运用理论模型思考的人和不会运用理论模型思考的人，在推理判断的精度上会有很大的差异。

不会运用理论模型思考的人，通常会局限于自己擅长的领域或者受限于以前的经验。如一个擅长做打折促销活动的人，在做新品推广活动策划时，很容易设计出以低价格、大力度折扣为主的活动，从而忽略了其他因素，如产品形象、口碑、话题性等。

各种理论模型能拓宽你的视角，从而使你思考得更加全面。

在市场营销的活动策划中，通常需要混合使用几种模型。如演绎论证适用于需要投放 KOL 时，分析除了头部 KOL 以外，投放其他的 KOL 是否能真的将产品带火。这其实是一个概率性的事件，但是通过演绎论证，可以尽量保证最终的效果。首先去看大前提，过往的数据表现、过往植入的内容和产品的效果都属于大前提，从而使由小前提推导出的结果更准确。而归纳更适用于提供解决方案，根据产品或者热点的营销方案包含的几个方面进行分类，要点清晰。可以按照时间顺序将传播分为几个步骤，说明最终希望达到什么目的。也可以按照重要性顺序，标清先解决什么问题，再解决什么问题。

　　以上就是活动策划的内部思考模型，无论情况多么复杂，只要运用这些模型，使用者都能快速找到思考的路径。接下来我们进入实战篇，将活动策划实战进行分类，重点探讨对于不同类型的营销活动该如何策划活动并达到目标。

第 3 篇

活动策划实战

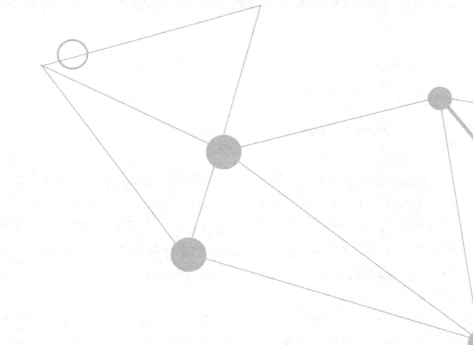

第 6 章

大型发布会活动
策划实战

发布会是活动策划中绕不开的项目。对于初创型公司，新品的亮相发布会需要达到舆论的爆点，中型企业需要通过发布会向大众传达企业升级或者转型的信息，而上市公司需要通过发布会增强投资者信心，To B 端（To Business，面向企业）的企业需要发布会让 B 端（Business，企业，简称 B 端）用户更了解自己的服务。无论哪种情况，发布会都是一个非常好的推广发声形式，它能让企业在短时间内收获极大的曝光量。很多公司举办发布会的频率也非常高，像华为一年举办 100 多场发布会；魅族在手机热销时，平均每月都有发布会。除此以外，各行各业的公司出于宣传目的举办的各种规模的发布会更是不计其数，所以操盘举办一场大型发布会，是一个活动策划者必须掌握的技能。

一场完整的发布会，并不只是以线下发布会的开始为开端，以在场嘉宾观看结束为结束。一场大型发布会包括 5 个阶段：预热—爆发—承接—沉淀—转化，意思分别是发布会前期预热造势、发布会举行时大量曝光、结束之后口碑承接、流量沉淀及最终转化。虽然发布会只持续一天，但是围绕发布会的整个营销宣传周期，通常会持续一个月以上。这 5 个阶段形成发布会的营销闭环，最终达到发布会的声量与销量兼具的目的。

6.1 前期预热造势

吸引受众注意力是几乎所有发布会的目的。新品推广发布会吸引的是大众的注意力，行业大会吸引的是行业内企业的注意力，订货发布会吸引的是加盟商的注意力。但是并不是只要举办发布会，就都会达到吸引受众注意力的目的，特别是企业对所获得的关注是永远不嫌多的，所以如何在一场发布会中，撬动更大的流量，甚至"引爆"舆论呢？这时发布会的节奏就显得非常重要。

通常一场完整的发布会除了落地的发布会现场以外，还包括前期的预热造势和后期的口碑承接。因为一场发布会的现场传播对象是非常有限的，在一场发布会中，到场的人数限制了传播的范围。如果是针对特定对象的发布会，这样的传播范围就已经足够了，比如有一次我去参加迪士尼策略启动发布会，这个启动发布会的举办目的只是向合作伙伴宣传第二年迪士尼的新片及迪士尼乐园的整体规划，发布的内容都是未公开的信息，参与者全程不得使用手机，且不得泄露会议内容。

这种发布会只需要将信息传达给合作伙伴即可。

除了这种针对特定对象的发布会，其他具有销售目的、为了提高影响力的发布会，能引起的关注度和讨论度显然是越高越好，所以如果只是将信息传播给发布会现场的嘉宾，这样的传播范围显然太过狭小。所以前期就需要先把受众的好奇心激发出来，这就需要在预热期提前告知受众活动信息并设置悬念，这样做有以下两个目的。

1. 提前告知受众活动信息，让受众产生预期

对于一些针对特定对象的发布会，预热阶段只要完成告知的任务即可，告知的信息应包括发布会的一些基础信息，如时间、地点、到场嘉宾、大概的内容。严格来说这不属于预热，只是发布会活动信息的通知。但是对于需

要扩大传播范围，吸引更多注意力的发布会来说，预热更重要的是引起受众的好奇心，让受众对发布会产生预期。

在这一点上，手机公司的发布会预热海报是非常值得借鉴的。下面分享一个我曾就职的手机公司设计预热海报的案例。

手机公司设计预热海报

通常情况下，创意部门会先将手机的卖点提炼出来，并按照重要程度进行排序。将最重要的信息留在发布会当天发布，将次要信息包装成一个一个的问题，在发布会之前，根据这些信息做出海报，一天抛出一个问题，引起大家的好奇心。将新手机的卖点按照重要程度进行排序，从次要到重要分别是：手机更薄，蓄电持久，性价比高，芯片很强。

（1）为了制造悬念，文案全部采用疑问句形式，于是形成了以下 3 句文案。

"已经很薄的手机，还能更薄一点吗？距离 ×× 发布会还有 3 天"。

"如何做到连续 3 天不需要充电？距离 ×× 发布会还有 2 天。"

"如何将手机做到白菜价？距离 ×× 发布会还有 1 天。"

（2）文案中还可以融入更多元素，如融入生活场景。

"王小姐一直希望自己的钱夹里能放下手机，现在她做到了。距离 ×× 发布会还有 3 天。"

（3）结合两个卖点之间的冲突。

"如何在薄如蝉翼的同时，还能续航 72 小时？距离 ×× 发布会还有 2 天。"

这种将两个卖点之间的冲突结合起来的方式在某手机发布会的预热海报里可以说是处处体现，比如，展示性价比的部分。

"自诩'天生骄傲'的团队，如何在依然保持高品质的情况下，打造一部 1 500 元的平价手机？"

（4）设置悬念除了采用疑问句以外，还可以采用很多形式。

如小米在发布小米 5 的时候，为了体现小米 5 "快得有点狠" 这一个特点，拍摄了 3 个预热视频，视频的主角分别是 3 位纪录保持者：跳绳世界纪录保持者岑小林、三阶魔方最短还原时间的亚洲纪录保持者、2013 年 WSSA（Word Sport Stacking Association，世界竞技叠杯运动协会）举办的世界竞技能叠杯赛冠军林孟欣。在这 3 个视频中，只有各纪录保持者跳绳、玩魔方和叠杯的镜头，没有更多的内容，视频末尾是小米 5 发布会的主题及倒计时。虽然文案中没有出现疑问句式，但是视频内容引起了广泛猜测，也达到了设置悬念的目的。

所以在告知活动信息时，最重要的是制造悬念。

2. 预热制造悬念引发二次传播，扩大影响力

（1）预热制造悬念还有一个目的，就是引发二次传播。

人们具有好奇心，所以悬念自然会引发讨论，这一点对于预算有限的公司来说尤为适用。

前文我们介绍过 AISAS 模型，预热也是一样的，具有 "引起注意—引发兴趣—口碑" 3 个阶段。我曾经操盘过一场初创公司的发布会。在预热海报和公关稿发出去之后，就有媒体主动联系我要来报道，并且在预热期的半个月里，相关的论坛和行业群里有越来越多的人开始讨论并猜测发布的内容到底是什么，之后报名参加发布会的人暴增。在没有花费一点预算的情况下，参加发布会的人多到会场都坐不下，自发前来的媒体数量也大大超过预期。

（2）如何扩大影响力呢？

首先，当然是预热的内容非常有噱头，有引发受众和媒体猜测和关注的价值。其次，渠道需准确，圈内的核心人群会关注业内动态，所以当预热消息发布到准确的渠道上时，自然会引发圈内核心人群的讨论，并且他们也是最想来一探究竟的人群，非常愿意主动参与到发布会中。最后就是利用一些利益点驱动大众，最常见的是在自媒体上发声，在每一条内容中都嵌入与粉丝互动的活动，如转发抽奖、关注并留言送发布会门票等。预算较多的公司可以用工具在大众平台上精准投放一些标签用户，购买流量。如果公司预算足够多，还可以在大众平台上用 "KOL+ 普通用户" 的方式，主动在平台带动话题节奏，吸引更多的受众参与讨论，也可以制造一些营销事件，供大众讨论。

3. 邀请函也是制造悬念、促进传播的工具

在发布会前夕，需要拟定邀请人员名单，这一部分人都可以成为传播源，原因有以下 3 点。

①这些受邀请人员肯定自带传播性质，如媒体、行业 KOL、达人"网红"等。

②受邀请人员通常是核心粉丝，他们宣传的社交圈会非常精准。

③用很低的成本就可以达到很好的传播效果。邀请函如果足够有创意，引发受邀请人员纷纷自发将其发布在朋友圈等，则又可以省下营销预算。如魅族 16 发布会的邀请函，就是一瓶 400mL 的大容量海飞丝洗发水，并附以文案"刘海去无踪，性能更出众"来暗示新品全面屏的设计。又如魅蓝 S6 发布会的邀请函是一块印有"青年良品"的蓝色砖头，魅蓝 2 发布会的邀请函是诺基亚 1110，这些都是当年引发广泛关注和讨论度较高的经典邀请函案例。

最后，预热的时间不宜过长，太长的预热期很容易让人失去兴趣。在这个信息爆炸的时代，即使预热期有足够多的素材内容，最好也不要超过 2 周。如提前 2 周发布一些关于新品或一些新的明星代言的消息，可以让合作的第三方媒体或者 KOL 也发布相关信息。接着提前 1 周开始宣布发布会的信息并开始发布预热海报或者视频。2 周是非常大型的发布会需要的预热时间，普通的发布会最好提前 1 周开始预热，中小型发布会提前 3 天开始预热即可。虽然舆论预热的时间如上所述，但是邀请媒体要提前 1 个月就开始筹备。

6.2　发布会落地及大曝光

发布会曝光期的主要内容有两部分：一是发布会当天的内容（发布了什么），二是发布会的宣传（前、中、后期的传播口碑）。其中，发布会当天的内容会直接影响发布会的传播程度及之后的口碑承接、流量沉淀、最终转化。所以发布会的内容至关重要。一场发布会是否成功，与发布会主题、发布会环节、发布会嘉宾及媒体有密切的关系。

6.2.1　发布会主题

前面说过，任何营销活动都要先明确目标，然后确定主题。发布会也不例外。首先，发布会主题最好能贯穿所有环节，覆盖所有要发布的内容。我曾经在一家公司负责公司旗下两个品牌的营销推广活动，期间筹办的一场发布会的内容是发布两个品牌的新品，其中一个品牌的主题是"时空旅行者"，另一个品牌的主题是"eye care, we care"，而乙方给我的发布会主题是"黑洞，探索"，这个主题很显然没有将第二个品牌的主题包含进去。其次，主题应好记、好传播。现在很多互联网公司的发布会都直接使用当时的网络流行语作为主题，以方便大家记忆。最后，如果用户已经对品牌有一定程度的认知，可以用简单直接的内容作为主题，如苹果每年的新品发布会的主题就是苹果秋季发布会。

6.2.2　发布会环节

发布会的所有环节都需要紧扣主题，这里可以运用前面说过的 MECE原则，让发布会环节属于同一个主题，又互相独立。切记不要因为发布内容多而让主题不清且内容跑题、冗长，这样不仅会让现场观众听了昏昏欲睡，而且对于二次传播来说也是致命的。

发布会也分为两种。一种是展示类，通常时装行业内较多举办这种发布会，基本环节依次是开场秀、不同篇章下不同风格的模特走秀、设计师携带模特亮相、after party（余兴派对）。另一种是讲述类，这种发布会运用得最为广泛，新品发布会、战略升级发布会、合作发布会、行业发布会通常都属于讲述类发布会。

发布会常见的环节依次是开场秀（表演或者主持人讲话）、核心产品演讲、嘉宾分享、产品体验。

其中核心产品演讲环节可能会有几个负责人上台讲述产品不同的功能部分。发布会的主题和内容不同，发布会各环节的侧重点肯定也不一样。在科技公司举办的发布会上，发布会的主讲人一般都是公司的 CEO（Chief Executive Officer，首席执行官），如小米的发布会几乎都是由雷军主讲，苹果发布会也总是由库克主讲。但是同时，在公司 CEO 介绍完产品的核心功能后，也会有其他产品负责人上台讲述不同的内容。但对于活动策划者来说，策划发布会环节时需要考虑以下 3 个问题。

1. 发布会环节的形式是否多样

发布会的内容大部分是比较枯燥的，所以除了要突出演讲者的个人风格，最好准备多种形式的展示方法。不仅要把 PPT 做得漂亮，还要穿插视频；除了介绍新品，还要讲述背后的故事。嘉宾的相关活动也可以穿插在环节之中，如开场唱歌、中途访谈或者最后和主办方一起进行互动。总之，在不偏离主题的前提下，发布会可以加入多种形式的环节，不一定非要一个人从头讲到尾。

2. 这场发布会是否有亮点

发布会的亮点不仅是现场最吸引人的点，也是发布会传播中最能引发讨论的点。发布会中最好设计一个突出的亮点，让大家能因这个亮点记住这场发布会并津津乐道。如主讲人在说到产品研发的艰辛时落泪，有能让人口口相传的金句，有让人共情的故事，或者有与竞争对手的互动。总之，要设计一个亮点，这个亮点最好和发布会的主题有关。而一些意外事件可能也会引发大量关注，但是如果对产品和口碑没有帮助，就不叫亮点，如 vivo Xplay5 发布会中，总裁不慎掉入水里，这场意外立即登上了微博热搜榜。这种事件虽然为发布会博得了大量的关注，但是并不属于亮点。这两种情况是需要区分的。

3. 发布会应控制在多长时间以内

发布会的总时长控制在两小时以内为最佳，特别是现在的生活节奏越来越快，发布会时间过长会流失很多受众。对于有些行业大会，媒体主办方会举办 2 天从早上持续到晚上的会议，严格来说，这种会议属于座谈会，与发布会的性质不太一样。但仍需注意发布会时间太长容易让听众产生疲劳、注意力缺失，并且也不利于二次传播。另外，发布会的环节一定要有主次之分，给重点环节预留最多的时间，嘉宾讲话等环节的时长则需要控制，切勿喧宾夺主。

发布会环节确定以后，需要制作发布会的流程时间表，在发布会开始之前，需要反复进行排练和预演。

6.2.3 发布会嘉宾及媒体

发布会嘉宾主要分为两种：一种是帮助发布会增加流量的嘉宾，如明星、"网红"等；另一种是上台为发布的产品背书、增加话题度的嘉宾，如行业领袖，知名专家等。如果一场发布会有重量级嘉宾出现，会让发布会更有吸引力，也更有传播性，好的嘉宾能为整场发布会增色不少。特别是具有一定影响力的嘉宾通常自带流量，很多人来看发布会可能是为了看嘉宾。

1. 邀请嘉宾

发布会邀请的明星可分为表演嘉宾和代言人。作为表演嘉宾的明星一般出现在发布会开场倒计时结束之后，并进行 10~15 分钟的表演。另一种是代言人，通常代言人是以给产品背书的形式出现的，会在台上与主办方一起介绍产品的功能，给粉丝做推荐。明星嘉宾能给发布会带来极大的流量，粉丝一定会通过明星关注到发布会推出的产品。除了明星，大多数发布会通常还会邀请行业领袖、业内专家、业内有影响力的人物，这样做可以提高发布会的层次和含金量，他们比泛娱乐的明星更加聚焦于产品，也具备更好的背书能力。所以很多大公司在举办发布会的时候，都会邀请明星和行业领袖，使发布会流量及含金量兼具。

2. 嘉宾形象应契合主题

值得注意的是，挑选嘉宾时一定要注意嘉宾的形象应符合发布会的主题和内容。无论是明星还是行业领袖，其形象一定要符合发布会的主题，才能产生"一加一大于二"的效果。特别是在邀请明星的时候，千万不要把发布会变成明星的粉丝见面会，应以发布会的内容为主，以嘉宾为辅，切记发布会的主题和要传递的信息，以及传递出去以后希望受众在消费行为上有什么样的改变。一些科技公司在推出产品的时候，也可以请在某种功能方向权威的专家，如芯片、系统等方面的专家，这样嘉宾和发布会就是强关联的关系，可以将发布会产品的可信度提高。另外，在邀请嘉宾的时候，最好多邀请几位嘉宾，他们可以让发布会的内容更丰富。此外，一定要有 Plan B（备选计划）的嘉宾，因为发布会的筹备时间往往较长，嘉宾的行程变动也很大，特别是友情出席的嘉宾，其行程变动更大，最好多准备几位嘉宾，以防止意外发生。

3. 邀请媒体

除嘉宾以外，邀请媒体、KOL 等也很重要。他们不会上台，但他们是这场发布会的记录者和分享者，他们会通过自己的视角，将发布会的内容分享给他们的受众。邀请媒体也应遵循以下 3 个原则。

（1）媒体不是越多越好，而是体量越大越好。

首先，媒体会互相转载新闻稿，因为他们也缺内容，于是体量较小的媒体会转载大体量媒体的稿子，所以如果四大门户网站（新浪、搜狐、网易、腾讯）都发布有关发布会的新闻，其他网站很大概率会跟进。其次，体量越大的媒体，流量也越高，一家大体量媒体的流量，抵得过很多小体量媒体的流量总和。所以与其请很多个小体量媒体，不如把预算集中起来请一个体量大的媒体。

（2）媒体邀请可以从核心媒体辐射到大众媒体。

核心媒体就是与发布的产品最契合的媒体，这部分媒体是一定要邀请的，特别是相关的头部媒体。因为相关头部媒体的受众是最精确的核心人群，他们比大众更关心行业动态。之后再辐射到大众媒体，一些泛媒体也可以作为选择。如果预算不够，则可以只在相关媒体发声。如果预算充足，最好是全渠道、多媒体发声。对于一场发布会来说，自然是知道的人越多越好。

（3）尽量避免反差较大的媒体或者 KOL 出现在会场。

虽然发声媒体越多越好，但是如果其形象与产品反差太大，最好还是不要出现在会场。一方面，他们的受众跟发布会的内容不符合，会造成资源浪费。另一方面，由于对产品所属领域不是特别了解，也并不专业，所以他们很容易在对外报道的时候，加入自己的评论和想法，和发布会传递的信息产生偏差，导致一些信息的误读，企业反而还要花更多的时间和精力去解释，反而起不到宣传的作用。在追求流量最大化的时候，这是一定要注意的地方，不要为了流量而不对媒体进行筛选。这是刚入职的年轻人比较容易犯的错，需要在确定邀请名单的时候多加注意。

发布会的落地执行属于发布会的爆发期。在预算有限的情况下，可能没办法邀请到很多媒体来到现场，那就需要提前准备好公关稿，在发布会结束之后发给不能到场的媒体朋友。

在发布会结束后的 3 天内，无论是视频、公关稿，还是图文、vlog，所有媒体都需要把发布会的内容全部发出去，否则这些内容就不再具备时效性。而公司的自媒体账号，如微信公众号、微博账号，通常在发布会的当天或者第二天就应将内容全部发送完毕。在爆发期，一定要集中发布信息，特别是现在的受众注意力非常分散，如果不注重时效性，就几乎抢占不了他们的注意力资源。

公司内部也需要准备好易于传播的发布会素材，这一步不是直接把发布会的视频传到网上就算完成了，而是要将精华内容提炼出来。

如剪辑《三分钟看完发布会》《一分钟带你了解发布会说了什么》等视频，或者整合出含有图片的、名为《一张图告诉你 ×× 产品有多牛》的文章等利于传播的素材。可以采用多种发布渠道，将发布会的声量推到最大。发布会后，是活动策划者最忙碌的时候，千万不要以为发布会开完就结束了，发布会结束后才是传播爆发期的开始。在发布会的声量和讨论度都达到爆发点之后，就需要我们做好口碑承接。

6.3　如何做好口碑承接

口碑承接是发布会传播中最重要的部分，如果这一步没有做好，那发布会的传播效果将会大打折扣。前文提到，发布会召开之后，有 3 天左右的宣传爆发期，在这段时间内需要进行大量的大众曝光，这时的曝光其实更多的是硬广告的性质，基本上是一个"我在说自己好"的阶段。消费者的印象更多停留在"×× 公司推出了一个 ×× 产品"上，仅此而已。这仅仅是产品的一次登台亮相，特别是当活动策划者还投放了 App 开屏广告、信息流广告等硬广告时，这些广告可能在消费者眼前一晃而过，很容易被忽略。

口碑的承接，就是使产品二次触达消费者。产品发布会结束了，那产品到底是不是跟企业自己说的一样好呢？这时候就需要做好口碑的承接了。

让第三方说"他很好"，而不只是自己在说自己好。所以很多厂商在发布会结束以后，会第一时间将自己的产品寄给相关领域的头部 KOL，供他们做测评或者开箱"种草"。这就是一个深度的口碑承接方法。不要等 KOL自己来买你的产品，而应提前就寄给他们，最好让他们在发布会结束后一周内就可以发布测评视频，延续发布会的舆论热度。当然，很多 KOL 为了抢占流量的关注和利用产品信息的时效性，也会第一时间发布测评视频。如苹果、华为、小米等手机厂商发布新机时，发布会结束后第二天就会出现很多博主的测评视频。再如戴森的卷发吹风机，也是刚一发布，很多美妆博主就发布了测评视频或者开箱视频。

测评视频和开箱视频就是通过 KOL 这个媒介，更个性化地将产品信息深度传递给其受众。KOL 更加明白自己受众喜欢的推荐形式及语言，他们可以在不让受众产生反感的情况下立体地介绍产品的卖点。

仅用头部 KOL 做口碑承接是不够的，千万不要忽略现在 UGC 的能量。

产品在普通用户中的口碑虽然关注度低，但是聚集起来，势能也是非常大的。如小红书上被普通用户推火的"爆款"数不胜数，这就是普通用户的力量。所以头部 KOL 加上大量的普通用户的好评，会形成口碑的势能，如果这股势能能真正聚集起来，产品一下子就火爆起来的概率是非常大的。

想象一下，用户在刷微博或者今日头条的时候，看到品牌发布了一个产品，可能有点好奇，也可能自己最近正好需要这个产品，就点进去看了一下，但是转身就忘了。但如果用户接着打开了小红书或者抖音，看到了产品的测评笔记或者视频，感觉产品好像挺实用的，于是去搜索了一下，发现了各种好评，或者点开了 KOL 视频下方的评论，发现很多人都买了，大家都认为确实挺好用的，这时候用户被口碑影响的概率就很大了。到达这一阶段时，用户已经被多样触点、反复触达多次，如果内容制作得好，到这一步就可以看到明显的转化效果了。

以上是预算充足的企业所做的大流量口碑承接，但是很多预算有限的企业其实更倾向于采用和一个大平台开展深度合作的方式，而不会采用跨太多平台的方式。

特别是现在圈层文化的影响加深且流量过于分散，与一个平台开展深度合作，对平台的用户触达到位，往往会收到意想不到的良好效果。如根据产品的定位和受众信息，可以知道大部分受众会活跃于哪个平台，继而与这个平台进行多重合作，在这个平台上预热、直播发布会，定点投放，联合平台KOL一起推出内容，这样其核心用户能在短时间内对产品有非常全面的认知。由于渠道足够集中，所以口碑势能也更容易集中在此平台爆发，最终达到传播效果。如红米手机选择与 QQ 空间进行捆绑营销，vivo X27 发布时选择和抖音深度合作，都是出于这样的考虑。

6.4 将海量流量沉淀到品牌流量池

如果前面几步进展顺利，到这里就已经为品牌聚集了巨大的流量，这些好不容易聚集的流量千万不要浪费，一定要有转化路径，让用户进入品牌的流量池里。品牌自己的流量池主要分为两个部分。

（1）品牌宣传页面，即品牌可以持续和用户沟通的地方，如品牌的微信公众号、微博账号，或者其他的官方宣传渠道。

（2）销售页面，即能促成直接转化的地方，这里也是之前介绍的漏斗模型的收口部分。

如果想要最终转化效果很好，首先，留出第一批通过前期宣传转化而来的用户，这部分用户通常也是最核心的二次传播者。他们因品牌对产品信息和特点的宣传，而对产品产生兴趣，所以会点击跳转链接进入销售页面。这时销售页面就显得非常重要，所以需要重点设计，因为销售页面的设计不合理很可能会直接导致用户流失。对于销售页面，一定要注意以下 3 点。

（1）购买产品或者关注品牌的页面是否在最容易找到的位置，是否明显且清晰。

（2）产品介绍是否清晰，是否和宣传的特点一致。

（3）销售页面的整体风格是否符合产品调性。

如果以上 3 点没有做到位，用户可能一进来就离开了。

另外，做活动也是一种沉淀流量的方式。

举例

很多 UGC 活动是设置奖品之后让用户关注官方微信公众号，或者带上话题发布或转发内容，更加直接的是用转发抽奖的活动引导用户关注品牌。品牌可以顺应平台的特性设计导入流量的活动，如适合在抖音开展的活动为发布一个简单的带有 BGM（Background Music，背景音乐）的模板视频让大家模仿。我曾经在简书上做过一个 UGC 活动，以类似于命题作文的形式，让大家根据产品特点写一个"神转折"的故事，当时收到的文章字数之和超过百万，被简书官方评为可能是史上字数最多的 UGC 活动。这是因为顺应了平台的特性，因为简书上作者非常多，他们很擅长写文章，但是如果在微博或者小红书这样的平台开展这类活动，可能连参与的人都没有。

所以在设计活动时，需要将平台本身的属性了解透彻，才能顺应平台特性，设计出参与度和转化率都高的活动。

要试图让进入销售页面的用户留下来。目前让用户留下来的难度大大超过从前，但是也并不代表留不住用户。如果是品牌宣传类的渠道，则需要长期的内容沉淀，如果内容是用户需要和喜爱的，如和产品有关的段子或者干货等，再加上经常有优惠活动（以符合用户的利益驱动特点），那么用户留下来的概率还是很大的。如果是销售页面，可以直接以利益驱动用户，因为用户到达这里时，就已经有购买意愿了，最后再给一张关注即可获得的优惠券，就是"临门一脚"，让用户最终下定决心购买。

总之，要将流量尽可能多地沉淀到品牌的流量池里。在品牌流量池里，品牌可以以最小的成本实现与用户的沟通，而一个用户愿意关注这个品牌，说明用户已经对产品和品牌产生了极大的兴趣，愿意了解更多内容，极有可能成为粉丝或者二次传播者。

6.5　实现最终转化

最终转化虽然放在最后一个阶段，但是其实在发布会的整个宣传过程中，都是有可能发生的。如果品牌信誉好、产品过硬，一场发布会就足够使与产品相关的讨论达到行业舆论的制高点，核心消费者看完就立刻下单。比如，抖音现在都有购物车功能，消费者不一定看过品牌的发布会，可能只是看到了 KOL 的"种草"视频，就直接将产品加入购物车下单了。转化随时随地都在进行，所以在发布会宣传的每个阶段，都应该考虑如何转化。

在转化的过程中，我们常常需要设置一些吸引消费者的利益点，但是这个利益点是否吸引人则需要提前预测。

如发布会现场购买产品可以享受折扣，那么是 7 折还是 8 折？在平台上发放的新品优惠券是 50 元的还是 100 元的？产品预订是否需要付定金？这些看似是细节的部分，其实对转化效果的影响很大，如果利益点的吸引力不够大，转化效果可能会非常差。而如果利益点的吸引力太大，不仅企业利润不高，还可能影响之后正价产品的销售。所以在品牌和消费者之间就存在一个博弈问题，品牌需要明白消费者的阈值是多少，多大力度的折扣已经有足够的吸引力而不再需要加大力度。当然，利益点的设置很多时候也和企业战略有关，如有些产品的折扣力度非常大，并且持续时间很长，这时企业的目的也许并不是从产品本身赚钱，而是为了达到融资或者其他战略性的目的。

设置利益点时，需要考虑消费者、发布会的传播目的及企业战略 3 个方面的内容。

最后，转化也非常讲究时效性，人的冲动和热情是很容易消失的。发布会的宣传过程就是一个将大众情绪引导到某个高点的过程，这个高点是消费者最容易改变消费行为且转化率最高的时期。这通常也是打造"爆款"的逻辑，即在同一时间，消费者突然看到到处都是这款产品的身影，便忍不住也要买来看看到底如何。所以整个宣传过程尽量不要将战线拉得太长，要在一个月内把公众的认知度打透并实现转化。所以在短时间内，需要各个模块无缝衔接，活动策划者需要把控整个传播活动的节奏，在最短的时间内实现转化。

最后将本章内容总结为以下几个要点。

（1）一场完整的发布会由 5 个阶段组成，分别是预热、爆发、口碑承接、流量沉淀、最终转化。

（2）预热期最重要的是制造悬念。

（3）爆发要选择合适的平台大规模投放内容。在目前的舆论环境下，渠道分散、用户不集中，所以选择一个大平台集中投放，将所有的宣传内容集中投放于一个渠道中，吸引平台的核心用户，形成舆论势能，是最有效的投放策略。

（4）口碑承接需要将产品或者品牌融入合适的舆论环境中，如 KOL 用自己的语言和方式推荐产品，带动 UGC，促进品牌口碑的形成。

（5）流量沉淀，即将外部的流量引入自己品牌的流量池。这个过程需要和其他环节配合好，注意掌握时间和节奏，不可拖太久，因为拖太久会影响效果。

（6）最终转化随时随地都在发生的，在每一步都需要植入转化路径，但是在不同平台有不同的侧重点，要注意相互配合。

发布会是一个非常大型的活动，需要多方配合，以调动多方资源，更重要的是，需要使传播活动达到预期的效果。特别是对于很多初创型公司来说，发布会是自己品牌的一次正式亮相，不仅关系到产品能否受欢迎，还会影响日后的融资，所以非常考验活动策划者的策略意识和对整体节奏的把控能力。通常来说，能成功策划一场发布会的人都是稀缺人才。

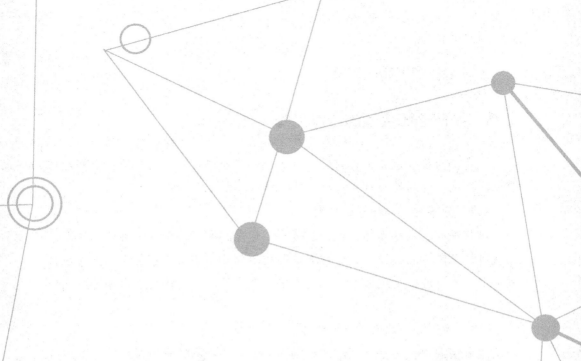

第 7 章

跨界活动策划实战

　　第 2 章已经介绍了跨界营销对品牌的种种好处。跨界营销不仅能以低成本提高品牌力，包括触达不同的圈层、增加品牌的新鲜感和溢价，还可以让品牌 IP 化，为品牌构建稳定的流量池，提升品牌的影响力和内涵。因为跨界营销的好处很多，所以几乎所有企业都会做一些跨界营销活动，但是活动效果却大不相同。因为跨界营销并不是只要两个品牌在一起做一个产品或者做一个包装就可以成功，粉丝就会买单。跨界营销的终极目标依旧是声量和销量，但是跨界营销活动不一定需要同时达到这两个目标，有些联名产品纯粹为了声量，所以只会限量发售，达到传播的目的即可；而有些联名产品可能并没有进行太多宣传，但是一上架就大受欢迎，达到很高的销售转化率。虽然最好的结果是二者兼有，但是这两个目标的侧重点不同，所以会影响到整个营销活动的前期策划。

7.1 如何选择合适的合作品牌

在选择合作品牌之前，首先要对自己的产品进行简要的分析。我们选择两个坐标轴，分别是流量和销量，从而产生 4 个象限，分别如下。

（1）象限一：高流量、高销量。

这是所有企业都希望自己在的象限，也是其努力达到的目标。已经做到高流量、高销量的品牌，那么其本身就是一个 IP，主动找它合作的品牌也会非常多。由于选择余地很大，这时候更需要注意筛选，通常选择和企业战略有关的品牌或者 IP 合作。

（2）象限二：高流量、低销量。

这种情况大多存在于互联网公司中，它们的产品很多时候指的是基于互联网的衍生产品。由于互联网产品没有实体作为依托，所以一般衍生产品的主要销售渠道单一，导致流量高但销量低。所以可以通过与更多不同的渠道合作来提高销量。

（3）象限三：低流量、高销量。

这是很多传统企业面临的问题，线下渠道的出货量非常大，但是品牌在线上几乎没有流量。并且由于流量过低，销量也受到了一定的负面影响。选择与流量高的品牌合作可以弥补这方面的缺失。

（4）象限四：低流量、低销量。

这是大部分初创公司面临的情况。产品制作出来之后，会出现如创始人没有流量，缺乏营销与预算的经验，或者营销策略出现问题等情况，导致品牌知名度低，从而使销售停滞，进入恶性循环的状态。初创公司由于规模小，现金流少，出现这种情况后，通常会很难维持运营。

通过象限分析，企业可以明确自己的产品目前在哪个象限，也就知道自己的资源是什么，以及用哪部分资源去换取合作品牌的什么资源对自己最有利。

确定象限与资源置换

　　某企业是一家传统的餐饮企业，在国内有几千家连锁店。虽然线下门店生意很好，但是线上的流量很低，自媒体账号的粉丝很少，新品发布的相关文章下方没人留言，且因为流量低所以线上发放的优惠券没人领取。这种情况就非常符合象限三：低流量、高销量。所以该企业要选择与线上流量和讨论度都很高的品牌进行跨界合作。

　　那线上流量和讨论度都很高的品牌为什么要与这家企业合作呢？

　　我们可以看到，这家餐饮企业拥有非常重要的资源，即国内几千家线下门店，这是一个体量巨大的现有渠道，每天到店消费的人数是相当可观的。于是该餐饮企业可以用这部分资源，置换另一个互联网品牌的线上资源，用已有的线下渠道资源置换合作品牌的流量资源。

　　这就是资源互补的跨界合作案例，品牌需要明确自己拥有的资源。

　　在这个案例中，餐饮企业的资源是门店，可以将对方需要展示的一些物品放到门店中。若和一个游戏出品方合作，可以把游戏的人物形象立牌放在餐厅内，或者把人物形象印在菜单上，这就是提供展示资源；也可以与该游戏出品方进行更深入的合作，投入更多的资源，如为该游戏研发一个菜品或设计联名的专属菜单等。

　　这就是先分析自己的资源，然后知道可以用自己的哪些资源置换对方的什么资源。这家餐饮企业付出这些资源，是为了换取游戏出品方的线上资源，所以需要对方在游戏中植入餐饮企业的信息，同时全平台发放餐饮优惠券，或者在游戏中增加一个与餐饮企业相关的人物、装备或者地点等。由此来为餐饮企业增加线上流量。

　　以上是一个比较简单的资源互补的例子，但是在现实中，选择联名品牌时不会只有一个衡量维度。假如需要弥补线上流量的缺失，但是互联网品牌里流量高的产品非常多，那又该如何选择？这时就需要考虑其他变量，如该产品与目标人群的契合度、话题性、品牌的调性等，综合衡量后做出选择。

那具体该如何做呢？

下面就根据之前分析的 4 个象限的 4 种不同的企业情况，来分析该如何选择跨界品牌。

7.1.1 高流量、高销量的品牌 IP 化运作

品牌如果已经具有高流量、高销量，那么此时一般需要进行两种方式的探索。一种是维持高流量的现状，前文提过，流量处于动态变化的状态，且容易流失，所以哪怕已经拥有了高流量，依旧要努力地维持。另一种就是品牌升级，将品牌形象延展到之前没有触及的领域，如国潮品牌发展成国际化品牌，传统品牌发展成青春品牌，科技品牌发展成时尚潮流品牌等。

除了前面两种方式以外，还有一种不太属于品牌建设的方式，就是品牌 IP 化运作，也就是说这个品牌形象因为太受欢迎，所以公司已经可以靠 IP 赚钱了。这种方式就属于另一个领域了，也就是在维护好自身品牌形象的同时，还需要多为合作方考虑。

1．维持高流量

维持高流量的状态是非常不容易的，需要持续地制造话题。选择联名产品时销量的考虑权重降低，话题性的考虑权重增加，而现在消费者的阈值也越来越高，所以只有联名活动让消费者意想不到且产品极具创意，才能持续制造出爆炸性的话题。基于这个原因，在跨界合作上，应尽量选大众认知度高且和原品牌反差较大的品牌。

反差越大，越能让消费者感到惊喜。

食品品牌旺旺在 2018 年和塔卡沙进行跨界合作，二者的联名款衣服上线后瞬间销售一空。在这之后，旺旺继续做了非常多话题性依旧很高的跨界营销活动。在和服装品牌联名宣布进入时尚界之后，2019 年旺旺又宣布进入美妆界，和自然堂联名发布了雪饼气垫；之后又宣布进入家居界，推出了旺

旺小馒头沙发、雪饼台灯等。旺旺是我们熟悉的品牌，线上流量、销量及知名度都非常高，是当之无愧的处于象限一的品牌。在旺旺的跨界联名活动中，话题性最高的事件，都不是与同行业（食品或餐饮）品牌的合作，反而是和反差很大的行业品牌的合作。

由于非常出乎意料，所以旺旺的每一次跨界营销活动都赚足了话题度。因为工作需要，我和旺旺市场部的人员聊过天，从而了解到对于跨界营销，旺旺唯一的要求是联名活动要有话题性，也就是有创意，只要有创意，旺旺都会在流量上给予全渠道支持，且对对方的资源需求并不高，总之，创意第一。

2. 品牌升级

品牌升级是一个比较空泛的概念，其中最重要的是公司需要明确品牌战略。跨界营销的方向是由品牌战略方向决定的。并且品牌升级是一个持续积累的过程，在这个过程中，需要所选择的跨界品牌与品牌升级方向保持一致。所以所选择的合作品牌或者 IP 和目标人群具有高匹配度就非常重要，其重要程度甚至超过话题性。

如果一家传统企业的品牌希望向年轻化方向升级，那么合作品牌的受众人群就应锁定为 18~22 岁的年轻人。查看"95 后"调查报告，发现"95 后"最爱的互联网品类是游戏、漫画、短视频，最喜欢消费的餐饮是奶茶和火锅，于是品牌可以从这几个大的领域切入，找出本年度这几个领域中前 3 位受欢迎的 IP 进行洽谈。如肯德基在亲近年轻人时，就选择了排名第一的漫画 App 快看漫画和当年风靡一时的游戏《荒野求生》进行跨界合作。同理，如果是想升级为国际品牌的国内品牌，就需要找跨国的一线 IP 进行联名，如 OPPO Find X 与兰博基尼的合作、华为 Mate 系列与保时捷的合作及华为与韩国潮流眼镜品牌 GENTLE MONSTER 的合作，这些国内品牌都将自己与国际一线品牌进行捆绑营销。所以最重要的是想清楚战略方向，并长期进行精准合作，才能最终完成升级。

3. 品牌 IP 化运作

这类企业中文创类 IP 比较多，如故宫博物馆、迪士尼等，它们有着很高的辨识度，也有自己的产品。如迪士尼的电影本身就是大 IP，票房也非常高，并且迪士尼还将这部分 IP 授权给其他品牌，并收取 IP 授权费，这就是 IP 化的运作。当一个品牌已经强大到可以 IP 化运作的时候，说明品牌形象本身就已经具有很强的"带货"能力了，其他产品需要使用这个品牌形象来提升销量。

大白兔奶糖为大众所熟知，并且由于大白兔奶糖在人们心中的地位很高，几乎是所有"80 后"人群共同的关于美好童年的记忆，所以在 2019 年，气味图书馆、GODIVA 巧克力、乐町女装先后和大白兔进行联名，每一次联名营销的效果都非常好。气味图书馆推出的大白兔香水一上线就立刻"引爆"话题；GODIVA 巧克力和大白兔联名的快闪店及巧克力出售点，所到城市都排起长队；乐町女装推出的大白兔联名款毛衣和包也成为那年冬季的"爆款"。

大白兔的受欢迎程度及"带货"能力都得到了非常好的证明。这就是可以 IP 化运作的品牌。

7.1.2 低流量、高销量的品牌如何选择跨界合作

低流量、高销量的企业可以通过跨界合作弥补自身流量的缺失，主要的方式有两种。第一种方式为通过和高流量的品牌方合作，通过资源互换的方式将对方的巨大流量引入自己的品牌流量池。第二种方式为创造话题性，给双方同时带来很高的讨论度和流量。这两种方式并不是对立的，二者叠加带来的流量是非常巨大的，但是这是一种非常理想的状态，同时需要相应投入

活动策划：
流量获取 + 经典模型应用 + 销售转化 + 品牌塑造

更多的资源，耗费更长的时间。

但是对于缺少流量的企业来说，和流量高的品牌合作是非常保险的策略，哪怕做出的结果不是那么有噱头，但是依然能保证曝光量和人群触达率。

选择高流量的品牌时，首先要按照目的将可选择的品牌分类。策划人员需要先将未来的战略规划好，划分出希望合作的品牌图谱，然后交给 BD 经理洽谈合作事宜。那么如何划分出合作的品牌图谱呢？我们需要根据目标将希望合作的品牌进行分级排序，由浅入深地将品牌图谱画出来。

1. 浅层合作——传播平台上的合作

这种合作通常为品牌双方联合想一些与平台有关的创意。这种浅层合作往往只局限于品牌自媒体账号之间的互动，如常见的蓝 V 联动、品牌互推。这种活动只要品牌之间的契合点巧妙，合作内容有创意，就可以获得一些流量和关注。

潮牌与华为荣耀的微博互推

当时我在一家潮牌公司工作，我们的官方微博账号的粉丝只有 8 万，但是华为荣耀的官方微博账号有 1 000 万粉丝，体量比我们大得多。但华为荣耀希望以我们的模特拿着他们的手机的形式，拍一组极具潮流属性的照片，我们需要他们的微博账号给我们带来一些流量。于是这项合作就达成了，这组照片在我们的官方微博账号和华为荣耀的官方微博账号上都有发布。在一分钱没花的情况下，这次微博互推给我们增加了百万曝光量及粉丝量。这就是浅层合作带来的流量。

2. 较为深入的合作——平台的合作

这种合作就不是只停留在自媒体互推的层面上了，而是会与平台进行多方面的合作，是一种更深入的利益共享式的合作。在这个层面上，双方投入的资源都会更多，策划时间也会更长，所带来的影响也会更为持久。如果浅层合作的时间为 1~3 天，那么这种平台的合作一般会持续一个月。

平台的合作

在前面提到的关于餐厅的例子中，餐厅为游戏的合作方，其在菜单上印了联名游戏的元素，杯套上也有联名的主题海报，甚至有几家店还有包含游戏元素的窗贴、门贴，而游戏的内部通告、邮箱、弹窗及游戏的所有自媒体账号，都会发布联名活动的信息。这种合作就是平台的合作，双方都提供了各自平台的资源，这种程度的合作就会较为持久。如必胜客和手游《诛仙》及必胜客和腾讯理财通的合作，都是类似的形式。

必胜客通过手游《诛仙》和理财通，拓宽了渠道，弥补了线下无法触及的线上人群和流量，获得了千万的曝光量，其付出的只是餐厅的曝光位置而已。此外，在店内举行的一些联名活动还吸引了非常多游戏的粉丝前来参加，在增加曝光量的同时还增加了销售额。

3. 深入合作——产品的合作研发

当联名合作已经触及产品合作的时候，合作的时间就是一个月到一年了。因为要将对方的元素融入自己的产品中，需要动用的公司资源更多，如研发团队、设计团队，甚至是供应链、采购团队等。这时策划人员要制订的方案也需要更为完整，营销活动的影响力也会更大。在开展这一层次的合作时，策划人员必须将销量考虑进去，否则会给公司造成较大的损失及资源浪费。

当然，如果开展产品层面的联名活动，其影响力也是大于之前两种的。

联名合作的影响力

在华为和 GENTLE MONSTER 的合作中，华为赋予了眼镜科技感，让眼镜拥有了打电话、听音乐的功能。这种在技术上对产品的创新，加上 GENTLE MONSTER 的品牌调性及设计，立刻让这个产品具有了极大的话题性。这款眼镜在华为和 GENTLE MONSTER 的线下门店均有销售。在深圳第一家华为旗舰店开业的时候，围着这款眼镜的人非常多，大家都因为好奇而前来排队试戴。

当然，对于餐饮行业，合作产品会相对较为轻量，如"网红"奶茶品牌喜茶几乎每个月都会与其他品牌开展这种产品层面的合作，而这种合作不仅仅是加一个杯套或者露出对方的 logo 那么简单。在喜茶和养乐多的一次合作中，喜茶按照养乐多的标志性小瓶外观，做了一款超大的奶茶杯，饮料是石榴汁与养乐多的混合。在此次联名活动中，"养乐多"奶茶杯 3 天内全部售罄，买不到这款奶茶杯的人纷纷去喜茶的微博账号留言，可见其受欢迎的程度。而喜茶也是通过这种持续性的产品层面的联名合作，得以保持非常高的流量和销量。

7.1.3 高流量、低销量的品牌如何完成流量转化

其实无论品牌原本的流量是高还是低，都会希望合作能带来销量的提升。特别对于高流量、低销量的品牌来说，利用合作方给自己"带货"就是合作的侧重点。在"带货"逻辑上，创意或者话题性就没有那么重要了，重要的是消费者会不会为这次联名产品买单。并且这种合作和为了提高流量的产品合作也不太一样。如果为了流量而进行产品合作，通常产品的产量不会很高，以制造噱头为主。

必胜客和气味图书馆推出的榴梿味香水，只上架了 150 瓶，但在 1 分钟内就被抢购一空。

这次活动很明显不是为了售卖榴梿比萨或者靠这款香水赚钱的，而是为了制造榴梿味香水这个噱头，把大家的注意力吸引过来，继而注意到必胜客有榴梿比萨。但是有多少人是因为知道这款香水而买必胜客的榴梿比萨的

呢？这个问题就不在这次合作的考虑范围之内了。

只要榴梿味香水获得了话题性和讨论度，这次合作的目的就达到了。这也是消费者买不到很多联名款的原因，因为商家原本就不是真的想通过出售这些联名款来赚钱的。

如果希望联名合作能带动销量，那么该如何挑选 IP 呢？首先，大部分能"带货"的 IP 都是大家熟知的大 IP，如迪士尼旗下的米老鼠、冰雪奇缘等，所以可选择这些 IP。其次，可挑选有特定年代感的、有情怀的 IP，如中国李宁的国潮系列就是和人民日报、红旗轿车等进行合作。当然，要清楚对方 IP 的哪一点受到消费者喜欢，以及如何将其融入自己的产品中并放大。

1. 大众流行的大 IP

这部分 IP 主要是文娱方面的，如大家熟知的动画片、上映的大电影、喜爱的书籍或游戏等。这时，IP 就像一个媒介，品牌通过和 IP 合作，吸引喜欢这些 IP 的消费者，从而带动销量。特别是对于快消品来说，大家供给的产品都差不多，消费者为什么要选择你的产品而不选择别人的产品呢？如果你的产品上有消费者很喜欢的电影人物，那么在双方产品的功能和质量一样的情况下，消费者选择你的产品的概率就会大一些。消费者会为自己喜爱的 IP 买单，更有甚者，就算产品加价也依然愿意买单。如优衣库和《周刊少年 Jump》的合作，唤起了许多热爱漫画的少年的购买欲，这个联名系列在优衣库的天猫店铺刚上架就被抢空了。名创优品和漫威 IP 推出了上千款联名产品，从茶杯到耳机，应有尽有。这种在商店内能看到，并且开发的 SKU 很多的联名款，就是希望依靠 IP 带动销量的案例。所以如果是为了带动销量，就要选择真正的大 IP，原因如下。

（1）大 IP 的粉丝众多，他们会为了内容买单。

（2）大 IP 的图库素材很多，可以提供丰富的素材进行联名创作。

（3）大 IP 往往自带热点。假如迪士尼有 4 部电影要在今年上映，那么企业正好可以和这 4 部电影的 IP 合作，然后在一年中根据这些电影上映的时间，推出电影联名款，这样就可以和热点结合，并且一年的话题度也有了。

2. 跟随时代趋势的IP

这部分IP需要策划人员或者BD对市场非常敏感，市场虽然瞬息万变，但是也有一定的趋势规律可循。如虽然具有年代感和情怀的IP是天然受欢迎的，但是这种IP也是最近几年才开始流行的。经典怀旧IP流行，是因为大家都很喜欢自己记忆里的东西，总觉得曾经的事物很美好。这几年随着民族自信心的增强，怀旧的经典国潮IP开始越来越受到大众的喜爱。BD和策划人员不仅对市场要有敏锐的嗅觉，还要有高效的行动力，能够迅速抓住市场趋势。

李宁将名字改成中国李宁之后，开展了一系列的国潮联名活动，合作的品牌都是国内非常具有标志性的、历史悠久的品牌，如红旗轿车、人民日报等，让中国李宁一下子成了知名的国潮品牌。而中国李宁也靠国潮营销，一下子从运动品牌变成了时尚品牌。同时，中国李宁掀起的这阵国潮风潮，吸引很多品牌纷纷效仿，如太平鸟和凤凰自行车的联名服装、喜茶和回力的联名球鞋。但是这阵风潮能持续多久，还需要对市场趋势进行准确把握后才能确定。IP兴起之后，其持续的时间通常是比较长久的，如国潮从2018年火到2019年，期间还频频有"爆款"出现，这些情况充分说明了现在大家对国潮的喜爱。所以一种IP刚刚兴起的时候，只要立刻跟进就可以搭上这辆"带货"的快车。

3. 品牌客群和IP受众的匹配度

如果品牌客群和IP受众的匹配度高，合作方IP可能都不需要很高的流量和名气，就能带来一定的销量。只要合作的IP够精准，甚至不用进行过多的宣传，只需要双方在自媒体账号上发布新内容，销量就会达到预期。

品牌客群和 IP 受众匹配度高的优势

木九十眼镜和披头士合作，几乎没有在线上做任何宣传，只是将联名款眼镜放到门店，在短短几个月内这款眼镜就冲进了销售榜前三。这就是品牌客群和 IP 受众匹配度很高的例子。那为什么品牌客群和 IP 受众匹配度高可以不需要宣传就能"带货"呢？

首先，特质相近的人往往倾向于选类似的产品。在木九十眼镜与披头士的这次合作中，木九十眼镜强调的是新锐造型，就是为了搭配衣服而推出好看的眼镜，而不是专业性的眼镜。那为了造型而买眼镜的人有哪些相近的特质呢？他们通常是比较在意自己外表的人，所以才需要眼镜来搭配衣服，提高整体的造型感，也就是我们通常说的"潮人"。那潮人通常有哪些兴趣爱好呢？潮人基本上都是喜欢潮流文化的年轻人。喜欢披头士的人群，正好也喜欢潮流文化。

而这部分人只要有购买眼镜的需求，或者有用眼镜做造型的需求，并且看到披头士和木九十眼镜推出联名产品了，就一定会来木九十眼镜门店看看眼镜。相反，木九十眼镜和喜茶的联名，虽然喜茶的流量很大，但也没有为木九十眼镜带来很高的销量。这是为什么呢？因为喜欢喜茶的人群，和木九十眼镜的受众匹配度并不高。

木九十眼镜第二次选择和音乐人联名，即和新裤子乐队的主唱彭磊的 IP《北海怪兽》合作，这款联名眼镜立刻又成了畅销款，而且这一次也没有做过多的宣传。这就是品牌客群和 IP 受众匹配度高的好处，因为木九十眼镜和音乐圈人群高度匹配，于是便依靠 IP 的受众带动了流量。

其次，同领域的品牌进行联名合作可以互相导流。这其实和线上互相导流有些类似，既然是同领域的品牌，客群自然会相互重叠且匹配度高，不仅如此，同领域品牌的联名款还可以吸引双方的粉丝都来购买。

同领域品牌的联名

知名潮牌 Off-White 是一个美国高端街头潮牌，从上衣、外套到背包、鞋子、饰物等都有售卖。它先后和 Nike 推出"THE TEN"系列，和匡威推出 Converse Chuck 70，并且与 Champion 和 Levi's 都有联名合作。很明显这种属于同领域品牌的联名，双方都是服饰类品牌，并且受众也重叠，Nike 和 Converse 的受众肯定也是对美国街头文化接受度和认可度非常高的群体。所以 Off-White 与它们的联名产品都能"引爆"潮流圈，限量的联名款更是被炒到了较高的价格。

如果说选 IP 时较难界定哪些 IP 的受众和品牌客群的匹配度高，那进行同领域品牌的联名时就基本上没有这个困扰了，因为竞品的重合度一定是最高的。难点反而在于这个联名产品的设计及方案是否打动人，当然，还有 BD 的水平是否足够高。因为竞品合作总是比 IP 合作更敏感一些，这非常考验 BD 的谈判能力。还有，品牌方也要客观衡量自己在行业内的体量，最好是与行业第一或者和自己相当的品牌合作，不然会拉低自己的品牌形象。

4. 合作品牌双方优势互补

一个品牌总有自己最擅长的部分，也有稍微欠缺一点的短板，而同行业的联名恰恰可以用对方的优势，弥补己方的劣势。双方共同推出产品，从而实现共赢。

潮牌和奢侈品品牌的优势互补、体量和设计的优势互补

LV 和 Supreme 的强强联合，就是奢侈品品牌和潮牌的优势互补。LV 这种奢侈品巨头希望获得更多年轻人的喜欢，而自身的优势也显而易见：品

牌地位高、核心人群消费力强等。而作为已经有一定知名度的年轻潮牌，Supreme 也希望能借助 LV 吸引更多奢侈品的消费群体。LV 借助 Supreme 的优势，成功吸引到了一大批年轻的受众，而 Supreme 也借助了 LV 的奢侈品形象，在提价的同时销量猛增，也成功挤入了奢侈品圈。

这一合作无疑是非常成功的，从明星到社交媒体上的"网红"，很多都入手了这款联名产品，产品卖得非常好。

再如优衣库和很多时尚大牌都有过合作，如 Marimekko、Theory、Helmut Lang、Hermès、LOEWE, Jil Sander，这些合作就是很明显的优势互补。

优衣库强调的是质量好、性价比高，但是设计或者时尚度一直是优衣库较弱的部分，而和不同的服装大牌或者品牌设计师合作，正好可以弥补这一短板，让好的设计和高性价比可以共存。

而优衣库的大体量，也给合作品牌或者设计师带来了非常大的曝光量及流量，这对合作品牌或者设计师来说，是十分有利的。在与同行业品牌的合作中，由于双方是对等的，而不像和 IP 方合作时，可能有一种甲方和乙方的关系，所以这种合作更可能实现双赢。

7.2 联名合作的引流方法

无论是出于什么目的开展合作，在确认联名之后，都需要进行引流。如果是为了提高流量，那就需要将对方的流量引入自己的流量池。如果是为了销量，那就更加需要转化到销售数字上。

这是将概念落地的重要过程，如果只知道如何选择联名品牌，却不知道引流的办法，那么联名活动就很容易失焦，并且做出来的产品也很可能无法占领消费者的心智。哪怕选对了联名品牌，也做不好一个联名活动，这对双方来说都是损失。特别是大部分策划人员在做活动策划的时候，一定会背负公司给的活动 KPI，如果不做转化，KPI 可能也很难完成，进而影响自己的工作成绩。不是把两个品牌的 Logo 放一起就算联名了，那么在确定合作品牌以后，又该如何抓住重点，通过联名活动进行有效导流呢？

7.2.1 真正能带来转化的关键点

在品牌的合作中，合作品牌除了需要考虑前文提到的几个要素，如流量大、品牌客群与 IP 受众的匹配度高、品牌优势明显等，考虑到转化，因此还必须思考合作的方法。既然需要利用对方的优势，吸引对方的受众注意到己方品牌，或者购买己方品牌的产品，那么产品自然需要做到让两方受众都喜欢，并且还要具有美观、实用性高等特点，这样才能为己方品牌引流或转化为销量。

这样看起来好像很难，牵扯到产品设计、研发等众多部分。但其实只需要抓住一个重点，就是对方的品牌到底是哪一点最受欢迎，并且可以为我所用。

一个品牌受欢迎，有很多不同层面的原因。品牌合作不像 IP 合作，如与迪士尼的 IP 合作，迪士尼的经典形象非常明确，就是米老鼠、爱莎公主等，可以直接将图库素材运用到产品上。但是品牌合作就不一样了，需要进行层层分析，将那个最重要的元素提取出来。

知晓重要元素到底是什么

1. 一个我亲身经历的例子

有一年我们公司的 BD 找到了金·卡戴珊（Kim Kardashian）自创的香水品牌 KKW Fragrance（以下简称 KKW）想进行合作。我们发现 KKW 有一款香水瓶身的形状非常有特点，是用卡戴珊身体的倒模制作而成的。卡戴珊在其自媒体平台上晒出宣传照片后的 5 分钟内，这款香水的销售额达 500 万美元，在接下来的一周里，这款香水卖出了 30 万瓶。

可以看出，这款香水的销量及话题度好像都很高，于是策划人员就开始思考如何将香水瓶的形状运用到联名产品中，最后决定将联名产品的包装做成香水瓶的样子。另外，香水的气味中有一点夏日水果的感觉，所以也从这里想了好几个相关的宣传点。

就目前来看，好像一切都还进行得不错，但是当我们进一步搜索的时候，发现KKW这个品牌在国内的声量并不高，无论是在社交媒体上，还是在官方网店上，这个品牌的流量都很低。我们继续在身边做小范围调查，在调查样本中，我们发现虽然90%的人都知道金·卡戴珊，但是只有20%的人知道她推出了这个品牌的香水。

所以到这里信息就非常明确了，KKW这个香水品牌，在国内唯一有价值的地方是金·卡戴珊的形象，而不是这个香水品牌。如果要和这款产品合作，最重要的联名点，是通过香水获得卡戴珊的流量，如果我们无法使用卡戴珊的个人形象，那么这个合作就完全没有开展的必要。

于是在和BD的沟通会上，我强调请其明确卡戴珊的肖像使用权及合作权益，如果只是和KKW合作，卡戴珊的形象完全不能使用，那么就不用继续推进这个项目了。

所以从这个例子就可以看出，这个品牌可能有很多卖点，如身体倒模的瓶身造型、香味、惊人的销量，但是这些都不是品牌的流量关键点。KKW是一个粉丝向的品牌，真正有流量的，不是KKW，而是卡戴珊。

所以我们需要分析这个合作品牌的真正流量关键点是什么，否则即使我们做出了有创意的产品，也没有这个流量关键点为我们背书、带来流量，那又怎么能转化呢？

2. 大白兔

大白兔和气味图书馆推出的联名产品大白兔奶糖味香水，为什么能做到那么火呢？这是因为策划人员洞察到大白兔浓烈的奶糖味是消费者个人记忆里的味道，让人印象非常深刻。

其实大白兔品牌除了气味，还有非常多值得挖掘的部分，如品牌历史悠久、发源于上海、小时候快乐的回忆等，但是这些都不如气味突出。

围绕气味做的一系列产品，如香水、身体乳、护手霜等，因为有了这个关键点，所以都有了非常强的传播性和"带货"属性。

在做转化之前，必须想清楚对方品牌的关键点，可以先把能想到的品牌关键点记下，然后和团队一起讨论将关键点排出优先次序，并用排除法最终分析出那个最能增加流量和发挥"带货"能力的关键点。再开始第二部分——转化。

7.2.2　转化技巧

在找出了对方品牌的关键点之后，就到了如何使用的部分。

1. 将对方的关键点直接运用到自己的产品和宣传上

还是以之前提及的KKW香水为例，我们发现金·卡戴珊才是流量的重点，在获得对方授权后，我们可以直接将她的肖像印在联名产品的包装上，放到联名产品的电商Banner页、产品详情页、社交媒体上和她的粉丝圈中进行传播，尽可能地展示她的形象，以吸引流量。当然，能否这样做需要BD团队去和对方详谈。一定要向对方品牌争取尽可能多的权益。一般IP方是没有限制的，因为IP合作需要支付授权费，只要支付了授权费，IP的形象是可以用于产品和宣传等相关渠道的，但需要提前将所有画面提交给IP方审核。但是在与明星或者品牌方合作时，需要前期将权益列出来，并明确使用场景。

作为策划人员，在最开始的时候，就要将流量关键点或销量关键点尽可能多地运用到联名产品的方方面面，因为它们是可以为己方带来利益的因素。

2. 需要一些对方受众都很想得到的东西给自己引流

明白对方的流量关键点或者销量关键点，其实就是明白对方受众喜欢什么，我们应深入思考可以通过这个关键点制作一些什么东西来吸引对方的流量。如之前提到的KKW案例，如果金·卡戴珊的形象可以使用，那么是否可以在联名产品里放入她的亲笔签名卡片或她单独为这次联名活动准备的录音等。粉丝既然喜欢她，就一定会购买与她相关的产品。

实际带动销量的案例

我曾经做过一个联名活动，当时我就职于一家世界 500 强的连锁餐饮公司，需要提升当时新推出的下午茶套餐的销量。而在一家主推正餐的餐厅中，下午茶一般是没有太多消费者关注的，并且也无法和奶茶店或者甜品店所提供的下午茶竞争。

所以如何推广这个新的下午茶套餐呢？

我观察到下午来餐厅消费下午茶的消费者，很多都是学生模样的年轻人，他们通常会在点一个下午茶套餐之后用餐厅的无线网络打游戏。于是我去找了当时同样有推广需求的一款腾讯旗下的手机游戏，与它进行联名合作。这款游戏虽然在当时不是最火的，但是依旧有几百万的活跃用户，对于餐厅来说，这已经是巨大的流量，而且这款游戏推出的时间也比较长，老用户众多，且用户黏性较大。而我们只需要更换 1 家主题餐厅的陈列布置并将全国 3 个地区的全部餐厅的下午茶菜单换成游戏联名菜单。

除了曝光以外，我们还需要尽可能将对方的资源转化为消费者购买下午茶套餐的动力，也就是要让游戏的用户来购买我们的下午茶套餐。在和对方谈判的过程中，对方告诉我：他们可以赠送我们 CD key（在线游戏礼包兑换码），这个 CD key 是用户一定会想要的东西。于是最后我们将 CD key 和另外两个小周边一起做成了一个联名锦囊。只要消费者购买我们的联名下午茶，我们就赠送一个锦囊。

在活动开始的当天，我就开始陆续接到餐厅的电话，餐厅的工作人员告诉我有非常多的消费者来餐厅询问活动信息。随着活动的发酵，来购买下午茶套餐的消费者越来越多，消费者为了得到 CD key，都是一次性购买三五个套餐，甚至有一次性购买十几个套餐的消费者。最终，在活动期间，原本销量惨淡的下午茶套餐，销量增长了 3 倍。

活动策划：
流量获取 + 经典模型应用 + 销售转化 + 品牌塑造

如果能将对方粉丝非常想要的东西附加到联名产品上，销量就会极大地提高。不用太担心对方不给你这个资源，因为你认为很重要的资源，在对方那里可能只是他们可以提供的一个权益，而对方可能更看重你提供了什么他需要的核心资源。比如，餐厅的菜单对于游戏出品方来说，就是一个非常重要的线下曝光资源，所以他们愿意用 CD Key 来置换资源。

7.3 联名活动综合实战

前文介绍了很多理论，这一节将带着大家进行联名活动的综合实战，将先前的理论全部串联起来，形成一份活动策划方案。

假设你是一家大型西式连锁餐饮公司的策划人员，最近餐厅推出了一个节日套餐，希望在年底过节的时候能用它提升销量。但是同时，由于套餐主要针对的是两个或两个以上的消费者，所以这必然会导致工作日单人套餐的销量下降。所以公司希望在节日套餐大卖的同时，还能保证工作日单人套餐的销量，至少与平时的销量持平。由于预算很少，最好在用跨界营销活动吸引流量的同时，带动销量。

1．背景初步分析

（1）先进行自我分析。

我们先进行自我分析，公司是一家大型西式连锁餐饮公司，很显然，因为是连锁餐厅，所以线下门店非常多，且遍布热门商圈和大型小区周围，线下流量充足。但公司缺少线上流量，除了微信公众号拥有数量庞大的粉丝，其他媒体平台的官方账号的粉丝量很少。在这种情况下，就可以用线下餐厅资源撬动线上流量，给餐厅带来更多的顾客。

（2）确定这个活动的目标，并从目标中找到需要覆盖的目标人群。

从这个背景中我们可以分析出这次的目标有两个：宣传节日套餐并提升其销量和维持工作日单人套餐的销量。这两个目标看上去好像关联度不大。

（3）主要受众人群。

由于餐厅本身是西式餐厅，所以节日套餐针对全年龄段的所有人群。由过往的数据可知，餐厅的消费人群中情侣较多，占总体的 60% 左右；但是家庭的消费也不容忽视，占到总体的 40%。

（4）消费者年龄区间。

我们发现购买节日套餐的消费者的年龄区间是 20~40 岁，购买工作日单人套餐的消费者的年龄区间是 22~35 岁，年轻情侣、家庭和职场人士群体的年龄重合度是很高的。也就是说，我们只要找准白领群体，就可以覆盖其他年龄段的人群，也就能同时宣传节日套餐和工作日单人套餐。

目标人群和主要受众人群确定之后，就要明确这样一个问题：这些职场人士都集中在哪儿呢？

2. 背景：用户群体挖掘

（1）筛选社交类 App。

表 7.1 是 2019 年上半年职场社交类 App 下载量排行榜。如表所示，脉脉是下载量排在第一的职场社交 App，比排名第二的领英的下载量高出近 3 倍。之前提到过，对于这种细分领域的 App，最好考虑和业内第一合作。我们再看一下脉脉的其他数据，易观千帆发布的《2020 年 1 月移动 App TOP 1 000 排行榜》显示，脉脉的 3 月活跃用户人数为 809 万。除了看它的站内活跃用户，还需要看一下它的自媒体平台账号的数据，在笔者查看脉脉官方微博账号时，其粉丝量并不多，仅有 23 万。

表 7.1　职场社交类 App 下载量排行榜

职场社交类 App 排行榜		
排名	App 名称	平均下载量
1	脉脉	1 617 万次
2	领英 LinkedIn	653 万次
3	和聊	433 万次

（2）微信公众号数据。

再看一下脉脉的微信公众号的数据，2020 年 1 月显示为"预估活跃粉丝 35.92 万，头条平均阅读 14 880，头条平均点赞 58，头条平均留言 13，周发文篇数 6，西瓜指数（由西瓜数据对其收录的公众号进行智能评分）656.7"。由以上数据可以明显看出，此次合作的主要流量来源于脉脉的 App 活跃用户，其他平台的自媒体账号的流量不高。

接下来我们需要根据目标推算出此次联名合作需要的曝光量，这样就可以清楚地知道和脉脉谈合作的时候，我方具体需要哪些资源，是否需要对方提供除 App 内部资源和自媒体账号的流量资源以外的一些其他投放资源。

到这一步，需要合作的品牌方和大概的流量情况就清楚了。目前来看，对方是细分领域内排名第一的 App，移动端活跃用户的数据也还不错。

3. 背景：推算曝光量

接下来，我们需要用漏斗模型推算出合作需要给餐厅带来多少销量，从而反向推出至少需要多少曝光量。

这次活动的目标有两个：第一个是宣传节日套餐并提高其销量，假设我们需要新增 4 万单节日套餐的销量；第二个是维持工作日单人套餐销量，所以至少也要新增 8 万消费者。假设一共要吸引 12 万消费者才能完成 4 万单节日套餐转化。假设从线上领券到餐厅消费的转化率是 5%，那就是 12 万除以 5%，需要 240 万人领券；假设从曝光到领券的转化率为 10%，那曝光量需要在 2 400 万左右。由于脉脉的月活跃用户在 800 万出头，所以很难推测出日活跃用户有多少，如果已经开始和对方谈合作了，则可以让对方提供相关数据，如开屏广告位，Banner 广告位；信息流、消息推送等广告位的曝光量分别是多少。

目前我们假设脉脉的所有广告位一天的曝光量是 1 000 万，所以最好让活动信息能连续 3 天以上出现在脉脉的广告里。这就是 BD 最重要的谈判任务：保证曝光量在 2 400 万以上。

4. 优化活动的策划方案 1

经过前期的调查，我们的目标更加清晰了。

（1）目标。

①新增进店人数：12 万人。

②曝光量：2 400 万。

③领券数：240 万。

④转化率目标：领券转化率 10%，消费转化率 5%。

到此，活动目标已经非常清晰，接下来我们用金字塔原理，将目标转化为具体的可落地行动。还记得金字塔原理吗？以上统下和归类分组是其两个基本特点。我们先按照目标将活动向下拆分，项目的总目标为 12 万新增进店用户。

（2）按照总目标将活动拆分为 3 个部分。

①线上曝光量 2 400 万。

②转化率约 0.5%。

③门店需要提供给脉脉的资源。

（3）资源置换。

这部分在之前的内容中没有提到，但是在跨品牌合作的资源置换中，需要给脉脉提供一部分资源，以换取对方在线上提供给我们的曝光资源，所以这部分主要是看对方品牌的需求并衡量和对方提供的资源是否对等。通常互联网公司非常看重线下餐厅提供的资源，即门店的曝光区域、主题店及展示物料可持续放置的时间。由于这个活动有明确的转化目标和主推的产品了，所以合作更倾向于资源置换的方式，暂时不涉及产品研发的层面。

5. 优化活动策划方案 2

接着我们将以上 3 部分再次拆分。

（1）线上曝光量达 2 400 万。

脉脉线上传播内容。

①传播主题。

②传播形式。

③传播渠道。

双方共同传播资源。

①投放平台。

② KOL 植入。

③垂直领域。

（2）转化率。

投放优惠券。

①优惠券的内容。

②优惠券的折扣。

跳转核销方式。

周边赠品。

①赠品样式。

②赠送赠品的形式。

③赠品内容（如文案、画面等）

（3）门店需要提供的资源。

①线下餐厅曝光资源位。

②主题店数量。

③主题店布置。

④店内互动活动。

这样我们可以按照以上内容得到这样一张金字塔原理的结构图，如图7.1所示。

图 7.1　12 万新增进店用户策略结构图

6. 优化活动的策划方案 3

拆分到第三层级之后，我们可以按照 MECE 原则检查一下，各个类别是否都是相互独立且完全穷尽的。至此，这个活动的框架就已经搭好了，接下来就要从左到右将每一个问题的答案填充进去。

（1）确立此次活动的主题。

主题要根据目标人群所处的场景延伸，目前有两个关键性内容：第一，活动时间在年底；第二，活动针对上班族。将这两个内容结合，思考上班族在年底会处于什么样的心理状态，他们的需求是什么，以及他们会在什么场景下去吃节日套餐。这部分内容可以和合作品牌共同策划，因为主题一定要涵盖双方需求，而不是只满足某一个品牌的需求。我们去看了一些脉脉曾经做过的案例，发现它的活动主题大多是偏向年轻人的，它喜欢用一些网络上流传的"梗"。脉脉曾经做过的一些活动的主题，如"做耐撕（nice，令人愉快的）的职场人""职场'神回复'"等，都结合了一些网络用语。因为此次活动主要是为了吸引脉脉用户的注意，所以可以延续脉脉的风格。另外，在年末这个时间点，上班族所关注的问题可能是年终奖、跳槽等话题，但是这些话题已经很难再有新意。我们可以在网上寻找一些有关上班族年底心态的数据作为参考。

（2）传播形式和传播渠道。

主题确定之后，传播形式和传播渠道都可以围绕脉脉的粉丝和上班族的人群特点进行规划，如脉脉发布了非常多的调查报告，传播形式可以参考调查报告的方式，将套餐内容植入报告，在报告的末尾加入赠送的周边，以形成转化。继而将这份调查报告投放到有上班族标签的传播渠道中，如职场博主。

（3）转化内容。

在转化内容里，应主要包括两个部分：投放优惠券和制作产品周边。投放优惠券的主要目的是将线上的人群通过优惠券的方式，引流到线下，最后由工作日单人套餐承接。因为工作日单人套餐的费用低、决策成本低，所以一个人拿到优惠券后，不需要询问身边的人是否要一同前往，自己就可以去，这种低决策成本可以提高转化率。而制作周边的目的是提高节日套餐的点餐率。如餐厅里有 5 个不同种类的套餐，节日套餐只是其中一个，当消费者进店选择的时候，发现只有节日套餐会赠送周边，而其他的套餐都不赠送，那么消费者点节日套餐的概率就会大很多。于是可以用投放优惠券和制作周边的营销方式，保证这两个套餐的销售转化率。

（4）餐厅内部资源。

最后是餐厅内部资源，从原则上来说自然是提供的资源越少越好，因为这是自己的资源。但是其实餐厅宣传是合作双方共同的活动，对双方都有好处。

（5）资源置换情况。

此外，合作双方置换的资源也是需要 BD 经过几轮谈判才能定下来的，而策划人员要先把需要争取的资源和可以置换的资源信息提供给 BD，如果合作方不能提供对等的资源，就需要评估是否与之继续合作，或者评估对方可以提供的资源价值，并思考如何将它们发挥出最大的效用，最终完成活动目标。

将以上每一步都填充好，就可以形成一份以提高销量为目标的跨界合作活动策划方案。

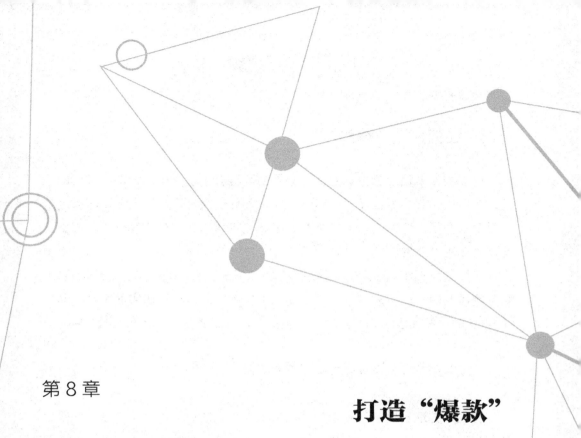

第 8 章

打造"爆款"

　　打造"爆款"其实就是一种新品推广的方式。对于快消品而言,新品推广是活动策划者遇到的频率最高的策划任务。在餐饮行业,平均每 4 ~ 6 周就会推出新品。而其他行业的产品,如服装、护肤品、配饰等,都是周期性很强的快消品,其推陈出新的速度非常快,所以策划新品推广方案就成了活动策划者最常遇到的任务,也是其主要工作。但是,如果只是把新品推广出去,对于现在的市场而言,已经没有太大意义。因为现在市场已经产能过剩,产品同质化竞争非常严重,一个公司层面上的新品对于消费者而言,可能已经不算是什么引人注意的产品,因为他们每天接触的新品信息太多了。

　　所以要让新品脱颖而出,活动策划者就需要拥有打造"爆款"的思维。

8.1 如何打造"爆款"

前面的章节已经让大家对活动策划的流程有了基本概念，新品推广的流程其实和发布会的流程类似：明确目标、划分受众、提炼卖点等。所以这里不再重复介绍，这部分内容将主要介绍如何将新品打造成"爆款"。那么，究竟什么是"爆款"？

"爆款"一词来源于电商，简单来说，"爆款"就是所有SKU里销量最高、知名度最高的一款单品或者一类商品。"爆款"通常也是商家的主打产品，如SKII的"神仙水"、兰蔻的"小黑瓶"，二者都是品牌的代表性产品。

"爆款"对初创公司的重要性不言而喻。

首先，打造"爆款"对销售量的贡献是巨大的。其次，"爆款"的高知名度和高曝光量，有助于树立品牌形象，为品牌后续的产品销售打下良好的基础。最后，"爆款"决定了流量的吸纳能力，持续时间长的"爆款"可以为品牌带来源源不断的流量。

我们可以看到，近几年异军突起的新兴品牌，基本上都有自己非常出名的"爆款"，如完美日记的眼影盘、花西子的散粉。持续打造"爆款"也是大品牌新品营销推广成功的重要标志。因为一个品牌每一季新出的产品不可能只有一款，通常会有十几款同时推出，而在流量分散的当下，推广十几款产品显然是投入非常大而没有记忆点的策略，所以打造一个"爆款"来带动其他产品的销量，就是一种集中资源占领用户心智的方法。

8.1.1 打造"爆款"背后的品类逻辑

并不是所有产品都可以成为"爆款"，在众多的产品中，每一种产品都有自己的角色定位，对品牌价值也有不同的贡献，所以我们需要对每一种产品进行角色划分和定位。通常来说，零售的产品可分为4种品类，分别是流量品类、利润品类、旗舰品类、新兴潜力品类。

（1）流量品类。流量品类的主要作用就是增加流量，所以这类产品的特性是毛利率低、利用率高。通常流量品类都具有高销售量，也是商家的高曝光量品类。

（2）利润品类。利润品类是指利润率较高的品类，用来吸引对价格不是很敏感的消费者。这类产品主要是为了弥补流量品类造成的利润损失，面向的主要消费者是已经购买过2~3次的核心消费者。

（3）旗舰品类。旗舰品类是用来提升品牌形象的品类，一些联名款和展示公司最强实力的产品都属于这个品类，其品质好、价格高。客单价最高的产品一般都属于旗舰品类，可以为公司创造巨大的利润及较高的话题度。

（4）新兴潜力品类。新兴潜力品类是目前销售量和利润都不高的品类，但是其整体销售量是一直向上增长的。整体市场发展迅速，这类产品加以培养，在未来很有可能变成流量品类或者旗舰品类，具有成为"爆款"的巨大潜力。

打造"爆款"，选哪种品类最好呢？"爆款"通常承担着销售量和流量的双重任务，所以对于新兴公司来说，最好是选择流量品类。流量品类单价低、销量高、通用性强，非常适合用来吸引消费者的关注，具有快速"引爆"舆论的"爆款"潜质。

8.1.2 "爆款"背后的市场逻辑

任何产品的爆火，都离不开整个市场的产品增量趋势。大市场的增长率高，产品才会顺势火爆起来。

首先，市场处于变化之中，消费群体也在不断更迭，主流消费市场每一代都在变化。当新的消费群体渐渐具有更大的话语权和更强的购买力时，主流的消费人群就会产生更迭，市场的需求相应地也有所变化，从而形成新的消费趋势，而新的消费趋势会引发无数新兴品牌的快速崛起。

其次，活动策划需要在变化中找到增量市场。虽然市场在不停地变化，但并不是所有品类都是增量市场。品类的迭代与升级、以新产品替代老产品，是存量市场的特征，这说明该品类已经饱和。所以活动策划需要找到其中的增量市场。

中国的咖啡市场以每年15%左右的速度增长。在这个增量市场里，2015年才成立的三顿半咖啡，在2019年的天猫"双十一""双十二"期间，其销量在咖啡品类中达到第一。拼多多也一样，在一线城市的电商市场趋于饱和时，立刻抓住下沉市场，在短短3年内快速成长为现象级公司。

8.1.3 打造"爆款"还要分析竞品

任何市场中都会有相当多的同质化产品，打造"爆款"就是使自有产品在众多同质化产品中脱颖而出，实现最大范围内的传播及讨论热潮。所以要先分析市场上已有的产品，清楚竞品的特点是什么，之后在研发产品时，才能突出差异，并在投入市场时形成差异化优势。

差异化优势

钟薛高所在的冰激凌市场，其实产品同质化现象已经相当严重且品牌众多，如梦龙、雀巢、和路雪等。但是钟薛高发现以前的冰激凌购买场景几乎都是街头便利店，不确定性强，如果将购买场景从不确定的随机性购买，转变成家庭储备式购买，从单次购买转变成按照份额购买，就是一种全新的场景。从最初的产品定位来看，钟薛高将冰激凌从解暑佳品变成享受型的休闲甜品，那么与一家同质化的竞争对手相比，在购买场景和产品定位上，钟薛高与其他品牌的产品就有了明显的差异。

产品"爆款"往往在外形上就有很强的辨识度，钟薛高冰激凌的瓦片形状就非常有辨识度和标志性，如图8.1所示。

图 8.1　钟薛高冰激凌宣传图

同理，三顿半咖啡的胶囊小罐包装，区别于其他咖啡的普通速溶袋，让人第一眼就能记住。并且不同口味的咖啡包装颜色也不同，这样拥有巧思设计的产品让很多人爱不释手。其包装图如图 8.2 所示。

图 8.2　三顿半咖啡包装图

这两种产品拥有与其同类产品不同的外形设计，为之后的品牌推广打下了很好的基础，也很好地示范了如何通过差异化打造产品优势。

当选择了增量市场，分析了竞品并确定了自有产品和竞品之间的差异后，就需要将产品进行分类，最终找出具有"爆款"潜质的单品进行市场推广。

8.1.4　围绕产品的内容突破

经过以上分析，产品已经具备了 3 个元素：处于增量市场、属于性价比极高的流量品类、与竞品有差异。那么接下来就要在营销内容上寻求突破。

这种突破不仅仅是拍几张广告图或者找代言人拍一个视频，而是让产品的包装及整个营销活动中的所有内容都具有创意。如果仅仅在产品层面寻求突破，虽然随着口碑的积累，产品也会慢慢取得很好的销量，但是这样就不能迅速提高知名度并在短时间内"引爆"市场，产品就不能成为"爆款"。

所以要在内容上寻求突破，首先应从离产品最近的包装入手。具有"爆品"潜质的产品，在包装上都是极具特色的。

 举例

口红与眼影盘的包装

花西子将浮雕工艺运用到口红上，打造出了独具辨识度的雕花口红。此外，它的百鸟朝凤眼影盘也是运用浮雕工艺，并把屏风元素和凤凰羽毛元素结合在一起制造而成的。

在百鸟朝凤的礼盒中，还包含一把附赠的圆形扇，非常精致。花西子对用户体验的理解是很透彻的，用户在接触到包装的那一刻，已经开始了花西子礼盒的美妙体验，如果只考虑用户在使用产品时的体验，其实已经晚了。

包装要尽量做到给用户惊喜、超出用户的预期，这样用户不仅会对产品产生认可，还很有可能会拍照并将照片发布到社交媒体上，形成二次传播。花西子口红和眼影盘如图8.3所示。

图 8.3　花西子口红和眼影盘

除了产品包装，产品故事也很重要。产品故事其实就是为了给用户提供更多买它的理由并让产品更有话题。

　活动策划：
流量获取＋经典模型应用＋销售转化＋品牌塑造

粉色冰淇淋

钟薛高曾经卖过一款"爆款"粉色冰激凌，名字为"厄瓜多尔粉钻"，当时卖到了 66 元一块，依旧被抢光。原因就是这款产品有很好的产品故事。一是产品所用的来自厄瓜多尔的纯天然的粉色可可非常稀有，据说堪比钻石。二是产品所用的来自日本的柠檬柚需求极大但是产量不高，因而也显得非常珍贵。两个经过包装的珍贵食材的故事，瞬间让产品变得与众不同，再加上是限量版，让产品同时具有了稀缺性，于是这款产品一上线便立刻被抢光，同时引起了广泛的讨论。这款冰激凌如图 8.4 所示。

图 8.4　钟薛高"厄瓜多尔粉钻"冰激凌

那如果我们的产品没有如此吸引人的故事该怎么办呢？前面提到的联名活动，在这里也可以算作产品故事。

奥利奥

已经无法在用料层面产生新意的奥利奥，在 2020 年推出了红色奥利奥和粉色奥利奥。红色奥利奥和潮牌 Supreme 开展了联名合作，推出了印有"Supreme"字样的红色饼干，一包只有 3 块饼干。因为太过火爆，这款联名奥利奥在美国拍卖网站上已经被炒到了 8 万美元。这款产品如图 8.5 所示。

图 8.5　奥利奥和 Supreme 的联名饼干

为了让粉色奥利奥更有话题度，除了强调其新的樱花抹茶口味和各种创新吃法，奥利奥还和完美日记联名推出了奥利奥饼干粉饼，利用这次联名活动为品牌导入了更多的流量并提高了话题度。这款联名粉饼如图 8.6 所示。

图 8.6　奥利奥和完美日记的联名粉饼

最后就是传播素材。传播素材的内容要说明 3 个要素：产品是什么，产品调性及产品卖点。能说明这 3 点要素的素材，就是合格的传播素材，但是要做出更具吸引力的传播素材，还需要在其中融入更多的创意。创意在任何时候都不会过时。

在传播素材中融入更多创意

让卫龙一炮而红的科技感辣条广告是一个在传播素材中融入创意的典型案例。卫龙用当时最火的苹果科技风格，设计了一则辣条的平面广告。这则广告风靡社交媒体，让卫龙辣条成功"出圈"，如图 8.7 所示。

图 8.7　卫龙的科技风海报广告

再如用卖潮鞋的方法卖椰子。考拉海购在愚人节这天，模仿"椰子鞋"发售的形式，售卖真的椰子。由于"椰子鞋"总是限量发售，供不应求，所以消息一出，便立刻引人抢购。但弹出来的页面上显示的是潮鞋宣传风格的真椰子，如图 8.8 所示。

图 8.8　考拉海购的椰子营销页面

这就是传播素材层面的突破，把一个非常平凡的快消品用另一种方式呈现出来，碰撞出新鲜感。

所以归根结底，要打造一个"爆款"，首先要在产品和内容上有所突破，之后传播素材就只需要将突破传达出去。但是如果在产品和内容上没有较大的突破，那传播素材就需要具有更多的创意，而不能采用中规中矩的形式。

8.2 "爆款"外围传播突破

要想"爆款"的销售额呈指数增长趋势，就需要大量投放广告和极佳的产品口碑所带来的规模化效应。在投放的过程中，选择什么平台，不同阶段应该投放什么样的内容，都影响着产品的销量，这些选择还会直接影响接下来其他产品的销量及品牌的形象。所以产品究竟能不能成为"爆款"，投放渠道和投放内容非常关键。

8.2.1 如何选择渠道

在我看来，没有任何一个新品牌或新产品是只投淘宝内部的付费流量就可以成为"爆款"的。因为既然是新品牌、新产品，那就意味着消费者对品牌和产品都不熟悉，在这个阶段，若只是投入流量至淘宝内部（简称淘内），则转化率将会很低。像钟薛高、王饱饱等，虽然它们的品类是大家熟悉的冰激凌和麦片，但是它们的销售场景与传统的冰激凌和麦片有很大的区别。再加上传统品牌已经在品牌营销上有了相当多的积累，所以如果只在淘内，是很难打破传统竞争对手的"护城河"的。所以新品牌或新产品最好是选择淘外新渠道。这样做有两点好处：一是新渠道的受众大部分是年轻人，年轻人更愿意尝试新品牌或新产品；二是新渠道可能还没有被传统竞争对手占领营销高地，这是新品牌的机会。

所以新品牌首先要在外围平台占领用户心智。现在，主要的"带货"推广平台就是抖音和小红书，而流量对 KOL 的依赖程度其实是大于对品牌的依赖程度的，因为很多人打开平台不过是为了看自己喜欢的博主。所以无论是小红书还是抖音，最好把投硬广告的费用都用来做 KOL 的投放。

在 KOL 的选择上，尽可能做到高中低档全覆盖，打造 KOL 的金字塔原理组合。其漏斗模型为"引起兴趣—进行搜索—购买行动"。头部 KOL 可以让受众引起兴趣，用户搜索产品之后看到腰部 KOL 和底部 KOL 的内容，会产生信任，最终形成转化。另外，在投放腰部 KOL 时，比例可以较大，因为很多腰部 KOL 的商业化程度还没有那么高，并且他们自己本身可能也是某个领域的达人，粉丝的黏性也很强，所以投放他们性价比相对较高。

活动策划：
流量获取 + 经典模型应用 + 销售转化 + 品牌塑造

通常投放头部、腰部和底部 KOL 的人数比例为 2∶4∶4。如在小红书投放 KOL：粉丝数在 70 万 ~100 万的头部博主 2 位，粉丝数在 15 万 ~30 万的腰部博主 4 位，粉丝数在 1 万 ~10 万的底部博主 4 位。然后可以用产品置换一些粉丝数只有几千或者几百的素人博主的渠道资源。

当用户被"种草"之后，再搜索到这些内容，就会对新品牌或新产品产生信任，转化率自然就上升了。

8.2.2　什么是优质的投放内容

优质的投放内容一定是对转化有用的投放内容。投放的优质内容，又是依附于 KOL 的，所以首先要确定 KOL 的类型，再根据 KOL 的类型布局优质的内容。可以"带货"的 KOL 主要分为 3 种。

（1）直接"种草"类型。

直接"种草"类型的 KOL 大部分是美妆博主，他们通常直接给大家推荐好物，在镜头前用情绪化的方式介绍产品。直播"带货"的 KOL 也属于这种类型。

（2）生活向往类型。

这种类型的 KOL 通常是旅行博主，他们发布的内容大部分是精致生活，看好看的风景、吃美好的食物，并配合滤镜和音乐。这类博主的植入通常比较软，产品只是他们在发布记录的美好生活时顺带植入的，但是由于他们的生活是普通人向往的，所以他们用的东西也容易受人追捧。对想通过贩卖大众向往的生活方式来推销产品的商家来说，这种类型的 KOL 就是合适的选择。

（3）段子手类型。

这类博主小红书上比较少，抖音上有很多。他们的内容主要是好笑的小视频，经常通过反转或者夸张的表演达到引人关注的效果。这类 KOL 的曝光量和粉丝量都比前两种大，但是转化率不一定有前面两种高，因为内容和产品的性能关联比较小，特别是有些视频中广告植入得很生硬，无法自然地将产品的特点体现完整。

清楚 KOL 的类型之后，就可以根据 KOL 的类型进行内容的布局了。

王饱饱在做投放的时候，在直接"种草"类型的 KOL 中选择了很多美食类博主和美妆类博主，同时选择了生活向往类型 KOL 中的 vlog 博主。这些博主在视频中教大家如何用酸奶搭配王饱饱麦片的酸奶杯，将精致的水果切片放在漂亮的杯子里，铺上麦片，倒上酸奶，加上滤镜，让观看者充满食欲，更让人向往。在内容的投放上，1+2 的组合（1 种主要类型 +2 种辅助类型，如主要类型为美食类，辅助类型为美妆类与生活类）对提高新产品的转化率有很大的帮助，直播"种草"类的 KOL 可以宣传产品的卖点，如一种食品的卖点可能是健康、口感好、营养丰富，一种护肤品的卖点可能是质感和效果好。

生活向往类型的博主可以给产品营造使用场景，甚至能让用户产生希望在相同场景下拥有相同感受的心理。以我曾经的经验来看，这种投放模式通常会让销售该产品的天猫店铺的搜索流量暴增 3 倍以上。流量的暴增也会带来销量的攀升。如果投放足够精准，这些优质流量一定可以使这款产品成为"爆款"。

8.2.3　拓展营销渠道，积累势能

当首发战场把产品"引爆"之后，就可以拓展更多其他的营销战线，持续地在目标用户中提高产品的曝光量，并为品牌积累更多的舆论势能。

如果品牌第一次在抖音或者小红书上投放就取得了非常好的成绩，产品销量攀升，自媒体账号的粉丝也持续增长，淘内搜索量一直在上涨，那就可以开始其他渠道的营销"战役"了。因为现在的流量非常分散，所以即使在一个平台收获了非常好的流量，但是对于其他平台的用户来说，这个品牌依旧是一个全新的、没有听说过的品牌。

很多"网红"美妆品牌，都非常喜欢投放 B 站的美妆博主。B 站 UP 主的风格通常非常接地气，更重要的是，B 站的弹幕非常真实，也具有导向性。如果大家很喜欢这个产品，会直接发出"买！""种草了！"之类的具有很强的煽动性的弹幕，从而推动犹豫的人做出购买决策。如果大家不喜欢这个产品，也会直接在弹幕中给予负面评价。虽然这对于商家来说是一个危机，但是也可以让商家知道用户的真实评价是什么，以及该如何调整内容，这比盲目投放要好很多。

如果是美食类产品，就可以投放垂直领域，如三顿半咖啡就是在下厨房"深耕"后火起来的。

所以不用将营销渠道拘泥于一个平台，若产品在这个平台被"引爆"了，则说明产品和内容没问题，下一步就要思考应如何拓展渠道。

8.2.4　将品牌全面"引爆"

前期的"爆款"积累舆论和销售势能之后，就可以将这些流量转化到品牌上，彻底"引爆"品牌口碑。因为现在一款产品的生命周期是非常短的，如果用户只是记住一款产品，那么流量来得快去得也快，产品很快出名，也会很快过气。但是如果让用户记住品牌，那么品牌只要推出新品，用户都会关注。

打造"爆款"是为了品牌。而且一个品牌不可能只有一款产品，品牌火了之后，"爆款"的势能也能转移到其他的产品上。

在这个阶段，"爆款"已经经过市场的验证，时机已经成熟，品牌就可以开始大规模地进行渠道投放和提高销售量。如果品牌想找代言人或者明星开展营销活动，那么在这个阶段就可以启动了。淘内的投放在这个阶段也可以大规模地进行。由于前期铺垫到位，大家对产品已经积累了一定的认知，所以对硬广告不再排斥，品牌的势能在此时可以充分"引爆"。在淘内，可以与其他产品一起曝光，如通过产品组合，将不同型号、不同口味的产品进行组合销售。而大量的曝光，会将品牌推到全平台的高知名度位置，如果恰好遇到"双十一"购物节这样的时机，销售额很有可能一飞冲天。

　　这里单独介绍一下明星的影响力。现在明星对产品的作用，已经不仅是背书，品牌和明星的合作其实也是和明星的粉丝的合作。当投放 KOL 后产品销量且已经逐渐接近销售瓶颈时，明星可以帮助产品销量达到一个新的高度，特别是流量明星，其粉丝热情高涨，如果与这类明星合作就可以立刻将产品的销量提升一个层次。其中让他们介绍产品的特点来进行推荐的效果是非常好的，类似于投放直接"种草"类型 KOL 的形式。如王饱饱通过小红书对欧阳娜娜的投放，麦片的月销售额从 12 万元直接飙升到 500 多万元。所以，可将以上分析分为 3 个阶段。

　　（1）第一阶段。新品牌在没有市场知名度的时候，需要找到精准的平台，选择直接"种草"类型和生活向往类型的 KOL 进行投放，将产品的特点、使用场景和使用感受传递给用户，占领用户心智，导流第一批用户。

　　（2）第二阶段。第一阶段的平台营销成功之后，可以开始开辟其他平台的营销战场，复制第一阶段的活动，将用户面扩大，并为之后"引爆"全平台的活动做铺垫。

　　（3）第三阶段。将品牌"引爆"全网，除了继续在原有平台投放 KOL 以外，可以在淘内进行大规模投放，并和明星合作，将品牌的知名度和产品销售额提升到一个新的高度。如果能再契合一个大的销售热点，如"双十一"，就能让销售转化率达到新的巅峰。